「人生百年時代」の困難はどこにあるか

医療、介護の現場をふまえて

石田一紀
新井康友
矢部広明
編著

新日本出版社

目次

第3節　高齢者の生き方についての一断章

はじめに

石田一紀

1　政府の描く「一億人未来図」

「二〇二五年問題」と称して、政府は国民に警鐘を鳴らし続けています。政府の言う「二〇二五年問題」とは、一言で言えば、「団塊世代」をはじめとした後期高齢者を支えるために、社会保障、主に医療・介護、年金などが「限界」に達し、「負の影響がもたらされてしまう」ことへの国民に対する警告です。その潮流において今日、特に注意すべきは、かつての戦時下における「優生思想」に似たものが潜んでいることです。

たとえば、麻生太郎氏の「いいかげんに死にたいと思っても、『生きられますから』なんて生かされたんじゃかなわない。しかも政府の金でやってもらっていると思うとなるとますます寝覚めが悪い。さっさと死ねるようにしてもらわないと」（二〇一三年一月二一日、社会保障制度改革国民会議）、曽野綾子氏の「適当な時に高齢者には『死ぬ義務』がある」（『週刊ポスト』二〇一六年二月八日号）、成田悠輔氏の「高齢者は老害化する前に集団自決、集団切腹みたいなことをすればいい」等の発言です。いわば、高齢者を「生産性」のない「老害」と見なし、その視点からのトリアージ

（いのちの優先順位）やトータル・デスマネージ（死への「管理」）を政策として奨励しているのです。

厚労省は、すでに二〇〇五年の社会保険審議会医療保険部会等で「自宅等での死亡割合を四割」に引き上げれば二〇二五年度に約五〇〇〇億円の医療給付費を節減できるとの試算を発表・提出しました。終末期ケアの費用高騰を政策対象化したものですが、さらに「死に場所が決まらない人が四七万人に達する」という政府統計を二〇二〇年に至って公開したのは、老健局の鈴木康裕医療課長です（二〇二〇年国際医療フォーラム）。彼は二〇三〇年時点の介護・看取りの場所に関する推計を次のように行ったのです。現在の高齢者の死亡場所は、自宅が一割程度に対し、病院や診療所が八割強となっているが、三〇年時点で医療機関の病床数の増加は見込めない。介護施設を現在の二倍整備し、自宅での死亡を一・五倍と設定したとしても、約一六五万人の死亡者のうち医療機関での死亡は約八九万人、自宅約二〇万人（死亡診断書上は、無届け施設での死亡も「自宅」に入る）、介護施設約九万人とすれば、「死に場所がない人は四七万人いる。実際には老老世帯や高齢者単独世帯が増えると自宅での死亡が難しいため、恐らくこれ以上になるだろう」と「介護難民」（最期を過ごす場所がない要介護者）が増加することを国民に警告したのです。

さらに、日本経済新聞は第一生命経済研究所の星野卓也氏による要介護・要支援者の試算にもとづき、「要支援を中心に四割程度、四〇〇万人近くはケアを受けられない」と「介護難民四〇〇万人」を想定しています。*1 こうした推計には、総じて医療・介護（費用）の徹底した削減と市場化の促進という政府の考え、政策が反映されているのですが、単に医療・介護政策の問題とだけとらえていてはいけないのではないでしょうか。それは、国家の名のもとに個人の生命や権利を国家全体の利害と一致するように統制を行う、そうした政治体制へ急速にシフトしてきている状況下での現れであり、いわば全体主義化のいのちの管理・統制として把握すべきではないでしょうか。本来、共同性を本質とする医療・介護労働が、トリアージやトータル・デスマネージといった名のもとに、労働の内容・方法が国策によって管理統制されてきているのです。さらに、人なくしては始まらない医療・介護の担い手そのものを先端技術の導入等により徹底的に削減し、「合理化」「生産性の向上」を掛け声に、利潤を第一目的とした労働過程へと政策的に誘導してきているのです[*2]。

詳しくは本書を読み進めていただきたいのですが、現状は極めて深刻です。たとえば、医療面では経済的事由による手遅れ死亡が年々増大してきています（第1章第1節参照）。介護面では施設待機は言うまでもなく、施設入所申し込みそれ自体が拒否される、空きベッドはあっても介護スタッフが足りないゆえに要介護者の受け入れができない、施設入所後の経済的負担や重度化等で退所を余儀なくされていく、という実態が広く存在します。そして、地域では「生き場所」がない要介護者がいわば社会制度の狭間《はざま》におかれたまま潜在化しています（第2章参照）。こうした事態が今の社会政策の下で進捗し、その結果、社会的孤立のみならず、そのはての孤独死が増加の一途を辿《たど》ってきているのです（第3章第2節参照）。

こうした問題について考えるため、本書は「介護難民」を生み出すような政策――「いのち切り捨て政策」と呼ぶべきものだと思います――の実態を、国民全体に広がる貧困化の観点から把握していくことを試みました（第1章第2節、第3章第1節）。

2　本書の構成

本書は集団執筆です。構成においては、まず、生活不安・社会的孤立という貧困化の極限的な状態を事例・調査・統計によって明らかにし（第1章第1節・第2節）、次に、その問題の集約的な現れである「介護難民」といわれる問題の実態とその本質を、施設・地域・在宅サイドから分析しました（第2章第1節・第2節・第3節）。そして「介護難民」をはじめとした「いのち切り捨て政策」「孤独死」の実態（第3章第2節）を国民全体に広がる貧困化の観点から述べることによって、それが他人事ではなく、相対的に若い世代を含めた一人ひとりの国民自らの問題であることを検討しました。

問題解消に向けて幾つかの実践課題があることは、各執筆者が明らかにしていますので、お読みいただきたいのですが、その一つに、老人福祉法第一〇条の四及び第一一条の規定（「やむを得ない事由」により介護保険法に規定する居宅サービス又は施設サービスを利用することが著しく困難な者に対して行う措置及び介護サービスの提供）にもとづく主体的、集団的なソーシャルアクションがあります。老人福祉法第一〇条の四及び第一一条の規定は国民の社会運動による成果なのです。介護保険制度は保険料や利用料を払わないと介護サービスが利用できないという受益者負担がまかり通り、さらに、介護サービスの利用においても利用者の政策的な選別が要介護認定によって行われます。

要介護者の現実の介護ニーズにもとづかない、いわば、金のあるなしで介護サービスが供給されていきます。そうした事態を広げない、いわば防波堤として成立させた措置規定であり、社会運動による成果なのです。「介護保険下だから限界がある」とあきらめないで、まずは、日々の支援において老人福祉法に記載された法的根拠をもとに行政に働きかけ、単なる形式的な法的文面としてとどめさせない実践が大切になっています。

次に財政のあり方ですが、政府はマスコミを通じてこれでもかと「高齢社会危機論」を扇動しています。「老い先短く、できるだけ迷惑をかけたくない」と考える高齢者にとって、その影響力は無視できません。当の高齢者からも「国は財政難だから仕方がない」との呟《つぶや》きが聞かれます。財源論として、国民の実態とともに具体的に提案していく必要があります。本書は、第3章第1節でこの問題を検討しています。「日本は借金をかかえて大変だから、我慢しないといけない」「日本は高齢社会で福祉に結構、財政支出している」、そう思わされてきた高齢者や若い人々にぜひとも参考にしていただきたいと思います。

さいごに、第3章第3節は、九〇代を迎えた今も、福祉活動の現場で実践されている執筆者が「高齢者の生き方についての一断章――孤立から連帯へ」と題して、老いのあり方をめぐる社会的メッセージを記しています。ぜひ、味わって読んでいただければ幸いです。

なお、前述において本書は、「介護難民」を生み出すような政策の実態を、国民全体に広がる貧困化の観点から把握していくことを試みたと述べましたが、「貧困」とか「孤立」とか、ましてや

「孤独死」など、自分とはおよそ関係ない事態だと思われている人々も多いのではないでしょうか。他人事ではない、今や、国民共通した事態になっているというご理解をいただくためにも、本論に入る前の導入として、身近な生計と雇用の現状について必要な限り触れておきたいと思います。

3　足もとを見直す

わたしたちの暮らしがどうなっているのか、その実態を知るデータとして総務省による「家計調査年報」があります。その調査結果によると、高齢者世帯の平均年収は、すでに二〇一六年において単身世帯で一四七万一〇〇〇円、夫婦世帯で二五五万四〇〇〇円となっています。これを総務省「家計調査―家計収支編二〇二〇年」から検証しますと、高齢単身無職世帯の実収入は月額一三万六九六四円です。実収入において公的年金等の社会保障給付費が約九割を占めています。限られた年金収入内で、毎月、赤字が現状です。その実情を見ると、一か月当たりの消費支出（食費や光熱費など）と非消費支出（社会保険料の支払いなど）を含めた支出額は、月額一五万一八〇〇円です。一方収入については、年金などの社会保障給付や仕送り金を含め月額一二万四七一〇円と報告されています。差し引き、高齢単身無職世帯における毎月の赤字額は二万七〇九〇円となります。月間収支の不足は、預貯金取り崩しか、借金で補っていくしかないのが現実です。とりわけ、限られた年金収入内で家賃を払い続けていかなければならないとなるとどうなるでしょうか。実質、生活保護基準以下の生活を強いられることになります。ちなみに、全日本年金者組合の「最低保障年金制度実現への提言」によりますと、年金月額が一〇万円未満の女性は二六七万人、男性は一二四万人であり、約五二七万人の女性年金受給者のうち、実に五〇パーセントを超える女性が一〇万円未満なのです。いかに、日本の年金が生活保障とも言えない、脆《もろ》くて、収奪に近い制度なのかわかります。

このように最低生活さえ維持できない年金額のもとで、老いてもなお「賃金奴隷」として不安定就労に就かざるを得ない事態が進展しています。この国は老後になっても「賃金奴隷」から解放されないのです。非正規雇用が多く、職種も清掃、警備、葬祭、草刈り、ゴミ処理、運送等であり、労働条件はきわめて劣悪です。二〇二二年二月、新潟県村上市の三幸製菓荒川工場で火災が発生し、工場内で五人の死亡が確認されましたが、その犠牲者は七〇歳代から八〇歳代の高齢の労働者だったといいます。

問題は、前記の家計・就労をはじめとした実態が、決して特別な階層に限ったことではなく、広く国民全体に共通する社会問題になっていることなのです。もはや、政府の掲げる「新しい資本主義」による「分厚い中間層の再構築」などあり得ません。また国際NGOオックスファムの報告書によると、コロナ禍が始まって二年で、世界長者番付の上位一〇人の資産総額がパンデミック以前の七〇〇〇億ドルから一兆五〇〇〇億ドルまで倍増したということです。新たな億万長者が二六時間ごとに一人誕生しています。その一方で、世界中で無数の人々が失業や貧困に苦しみ、病院にたどり着けず、あるいは、飢餓によって四秒に一人が命を落としているのです。

介護施設で働く労働者がマスクの在庫にさえ限界を感じていたころ、また職員の子どもの臨時休校や職員自身の発熱によりシフトが組めず苦悩していたころ、そして介護の「最後の砦《とりで》」とも言える訪問介護の体制が組めないという最悪の事態に直面していた二〇二〇年三月、安倍内閣（当時）は、新型コロナ対策費ではなく、暴落した株価を人為的に引き上げるため、「ＥＴＦ」という日経平均株価に連動する運用成果をめざした投資信託を、一・五兆円も日本銀行に購入させました（「しんぶん赤旗」二〇二〇年七月八日付より）。

安倍内閣は国民の経済的損失への補償、人権侵害への措置は何ら語らず、ひたすら新型コロナウイルスにかこつけて多国籍企業をこれまで以上に擁護したのです。

こうした政策がまかり通り、大軍拡に突き進むための戦後最悪の二〇二三年度予算が成立し、「戦争国家づくり」が推し進められようとしている今日、貧困化の極致である社会的孤立、そのはての孤独死が増加の一途を辿ってきていることに、わたしたちは、もっと身近な問題として、みんなで学びあう必要があるのではないでしょうか。

もっとも、国民の間で関心の高い、たとえば年金制度や介護保険制度は、国民にはわかりにくいという問題があります。さらに、いつのまにか（国民の声を無視して）制度の内容がコロコロ変わって（改悪されて）いきます。伝える立場としても難しく、総じて、見通しが持ちにくい「あきらめがちな」問題になっているのです。

そこへ、高齢者と若者に対する政府の分断政策が持ち込まれてきます。「長寿社会」に対し、「治らない医療・終末期医療の提供はムダ」「終末期への有償介護が、これから期待される」などの論調がしつこく、その情報戦略によって国民の意識に徹底されてきています。「若者に負担をかけるのはやめてほしい」「高齢者は汚い。『老人臭』がする」といった、高齢者というだけで軽蔑する風潮もあります。こうした高齢者への「バッシング」を受けながら、高齢者は「老いて迷惑をかけたくない」という思いと、「少しでも孫に、そして、子どもの家計を助けてやりたい」等、思いあぐねながら、老いてもなお懸命に働き続けています。働く場を探し続けています。それだけに世情に対するさまざまな思い、不安、怒りがあるのですが、その声をあげる気力も辛い労働によって消え失せがちです。その不安や怒りを行動で表すための体力・脚力をはじめとした健康と、何よりもお金の余裕がありません。それでも信頼できる仲間からの声掛けや電話があると、堰《せき》を切ったように話したくなるのです。

4　声なき声を束ねていく

高齢者組織のみなさんの話を聞きながら、つくづく思うことがあります。今こうして声をあげ、足を運んで、みんなの顔を見られる間はよい。しかし、身体も家計も思うようにいかなくなって、声を出したくても出せない、集いたくても思うように歩けない、思いが言葉にならない、外出するにも金が要る、そうした状態が陰ながら進み、気づくとその人はみんなの周りから消えてしまっている。当初は、どうしておられるか気にはなるが、日々が経《た》つにつれその存在が周りから忘れられていく。あるいは住み慣れた地域に、共に生活してきた仲間と暮らしていきたいと街づくりに尽力していたのに、足腰が弱るとともに、仲間と離れた地域で暮らすことを余儀なくされ、やがて、仲間から忘れ去られていくとしたらどうでしょうか。いったい高齢者組織とは何のためにあるのか、その問いに対する答えは本質的でないといけないのですが、ここでわたしが述べたいことは、身体が動けず、自分の思いを表現しえず、そうした状態になったときこそ、仲間が訪ねてくれ、自分の思いを代弁してくれ、自分らしい生活を細々でも大切にしていける、そのための高齢者組織であったのではないかということなのです。元気で、余裕があって、声が出せる人々による組織にとどまっていてはいけないのではないでしょうか。

わたしたちは、声なき声を抱え地域に潜在化している人々の実態を見失ってはならないと思います。地域において、年金をはじめとした社会制度や社会関係から切り離されて、その多くが生活保護基準以下の状態にありながら孤立無援の状態にある人々、その存在・状態が社会的に潜在化し、孤独死さえも危惧《きぐ》される状態にある人々、その声なき人々の底辺からの声を、その実態を集約し可視化していくこと、それを土台に草の根の高齢期運動たる地に足をつけた実践を広げていくことが、今後ますます問われていくのではないでしょうか。この意味で、たとえば今、全国四三都道府県で一斉に提訴されている年金減額違憲訴訟が注目されるのです。

もう一つ、先に高齢者と若者との世代間対立を煽《あお》る論調が後を絶たないと述べましたが、この点から、不安定就業階層へ焦点をあてて国民的運動を進めることが、いかに重要になっているかを記しておきたいと思います。

5　対立から連帯へ、そして共同へ

総務省「労働力調査」によると、一九九五年以降、周知のごとく正規雇用が急減し、いまや七人に一人が非正規雇用で働いている状況です。しかも、二〇〇四年から二〇一四年まではパートタイマーにかわって派遣労働者が増大しました。すなわち、「直接雇用」から「間接雇用」に転換してきているのです。企業は直接、正社員、契約社員、パートタイマー等を募集・採用しません。派遣会社や請負会社に労働者の派遣や自社の業務を代行させていくのです。こうした「間接雇用」によって企業は労働者への残業手当、有給休暇や、社会保険、雇用保険、そして退職金等の保障が必要でなくなり、労働者は絶えず解雇という不安に脅かされることになります。それは、結果的に労働者の労働組合への未組織化、年金未納・中断率の多さ、貯蓄額の低さ、退職後の生活基盤である家が買えない等の貧困化へと連鎖していきます。このままでいくと、現役世代が高齢期になったとき、「職なし・貯蓄くずし・低年金」という三重苦に直面する恐れがあるのです。

現在五〇代の働き盛りの世代においても変わりません。バブル経済崩壊をはじめとした経済危機に巻き込まれ、減給やリストラを経験し、給与体系の変容・転職・パート等の職歴が顕著であり、現状においては五〇代という働き盛りにありながら「非正規雇用率」が高いのです。年金未納・中断率も高い（厚労省の「国民年金被保険者実態調査二〇一六」によると、戦後生まれの団塊世代では年金未納・免除者率が三〇パーセント程度であるのに対し、それ以降は、五〇年代前半生まれ〔七〇歳前後〕で三五パーセント前後、五〇年代後半生まれ〔六五歳前後〕で四五パーセント前後、六〇年代前半生まれ〔六〇歳前後〕で四〇パーセント台後半と上昇します）。このままでいくと、団塊世代と同様、退職後「職なし・貯蓄くずし・低年金」という三重苦の高齢期が押し寄せることが想定しうるのです。しかも、一人暮らしが多く、親の介護は手が届かない、それどころか、大都市における孤独死予備軍へと移行していくことが危惧されるのです。ここで詳述する余裕はないのですが、四〇代、三〇代においても貧困の実態は質的・量的に改善の兆しは見られないどころか、むしろ、悪化しています。[*3]

要するに、ここで述べたいことは、若者・壮年者、そして高齢者は不安定就労階層として労働―生活問題を本質的に共有しており、そこに互いの対立から連帯へと、そして共同をどのように広げていくかをめぐる客観的条件を見いだしていこうということなのです。

これを念頭に、本書はまさにいのちを左右するに至っている高齢者の貧困問題をどう打開するか、世代間の分断を乗りこえる展望を探しつつ検討することをテーマにその叙述において、制度そのものの基本的な仕組みや、事例・図表・調査等による説明に努めながら、構成していきました。

6 「老い」の意味を問い直す

最後に、本書に込めた「老い」への思いを述べておきたいと思います。「老い」は、それに伴う体力の低下だけでなく、生活不安と貧困化をもたらすものと国民は肌身に感じています。稼働力がなくなるとき、必然的に「廃品」となり、「屑《くず》」扱いされるという、こうした現実も日々、深刻になってきています。

いまこそ、次の老年期の意義を改めて問い直さなくてはならないのではないでしょうか。動物と違い人間には何故、長い老年期があるのかということなのです。この意義を、今あらためてわたしたちは考えていかねばならないのではないでしょうか。人間には長い老年期がある、その社会的理由を、「高齢化に関する国際行動計画」(一九八二年一二月)は次のように述べています。「人類は、長い幼年時代と長い高齢期をその特徴とする。このことが、長い歴史を通じて、年長者が若年者を教育し、価値を伝達することを可能としてきた。そして、この役割が人類の生存と進歩をもたらした」と。この長い老年期という社会的・人類的意義を今こそ、わたしたちは再認識していかねばならないのではないでしょうか。未来ある子どもたちや若者たちのために高齢者文化を伝え、それを誇りに思い、そして、共感と連帯による社会発展を創造していきたいと思っています。

一人でも多くの読者の皆様からご意見、ご感想をいただけたら幸いです。

注

＊1　日本経済新聞電子版二〇二三年六月一八日付。

＊2　石田一紀「介護福祉労働の企業労働への政策的誘導」(『前衛』№九九四、二〇二〇年一一月

号）より。

＊3　この点については次の文献・統計資料を参照してください。

総務省統計局「労働力調査（詳細集計）」。

伍賀一道『「非正規大国」日本の雇用と労働』（新日本出版社、二〇一四年）。

伍賀一道・脇田滋・森崎巌編著『ビジネス化する労働市場政策　劣化する雇用』（旬報社、二〇一六年）。

社会政策学会編『社会政策――第10巻第1号（通巻第29号）：【特集】正社員の労働時間、非正社員の労働時間』二〇一八年。

第1章　「人生百年時代」という政府の虚構

第1節　いのちの証言
――医療現場での二つの調査から

林泰則、山本淑子

全日本民医連（全日本民主医療機関連合会）は二〇〇六年、約二万人を対象に「高齢者医療・介護・生活実態調査」を行いました。そして、その調査の翌年から、毎年一度、「経済的事由による手遅れ死亡調査」について、その結果の概要を記者会見で発信し続けています。本節ではこの二つの調査を通じて明らかになってきた高齢者の生活実態をまとめ、医療、介護、社会保障に問われるものについて考えてみたいと思います。

二〇〇六年の生活実態調査の結果は、高齢者の「貧困」と「孤立」の深刻な実態をリアルに示すものとなりました。それから一七年あまりが経過していますが、こうした状態は改善しているどころか、政府による年金、医療、介護をはじめとする制度の改悪が重ねられる中で、高齢者の貧困・格差がいっそう拡大し、生活のあらゆる局面で困難が増幅し続けていることは、本書の他の論考で明らかにされます。

次の「一　経済的事由による手遅れ死亡の実態」では、二〇二〇年度、二〇二一年度調査結果のうち主に高齢者の部分について報告します。この調査は医療保障の側面から高齢者の実態を明らかにしたものですが、きわめて深刻ないのちと健康をめぐる現実は、この間の政府の医療・社会保障政策の帰結といえるでしょう。

以下では、まず、経済的事由による手遅れ死亡事例が浮き彫りにした困窮と孤立の実態から述べていきます。

一　経済的事由による手遅れ死亡の実態

(1) 調査実施の背景と経年的推移

全日本民医連は二〇〇五〜二〇〇六年から毎年、受診が遅れて手遅れになり死亡した事例を、全国約七〇〇の全日本民医連加盟事業所から集約し、記者発表を続けてきました。限られた対象の調査であるという意味では制約もあり、わたしたちはそこに示された実態を「氷山の一角」と理解していますが、同時に、全国的な広がりがあり、毎年実施してきた系統性もあるので、一定の傾向を

資料1－1－1　「経済的事由による手遅れ死亡事例調査」の経年的推移

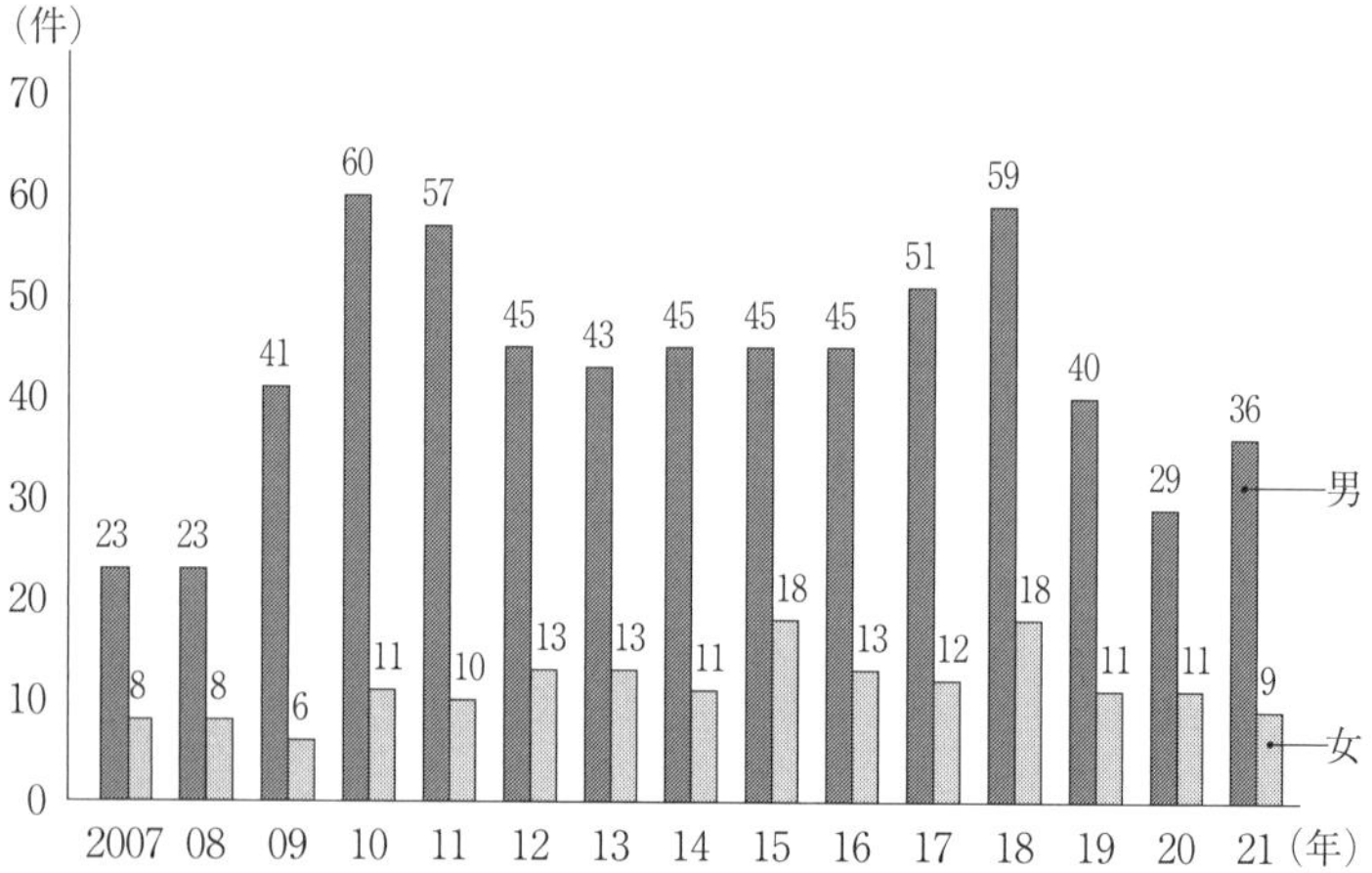

出所：2007 ～ 2013 年国保（など）死亡事例調査、2014 ～ 2021 年経済的事由による手遅れ死亡事例調査より。詳細は全日本民医連ホームページに掲載

見るうえでは意味のある調査ではないかと考えます。

二〇〇六年度の国民健康保険料（税）（以下、国保料）の滞納世帯は四八〇万（一九パーセント）、約五世帯に一世帯でした。その前後、全国の民医連加盟の病院や診療所から、資格証明書や短期保険証が発行されたために受診抑制が生じて手遅れになったという事例が多く寄せられるようになりました（国保料を六か月以上滞納すると、有効期限が一～一二か月の短期保険証が交付され、さらに納付期限を一年経過すると受診時に医療機関窓口で十割全額支払わなければならない資格証明書が交付される）。その実態を明らかにするために、二〇〇五年一月に「国保死亡事例」調査を始めました。事例をもとに、国保料滞納への制裁措置の撤廃、国保料の引き下げと削減された国庫負担を元に戻すことなどを提言し、改善を求めてきました。

調査を継続する中で、国民健康保険証やその他の正規の保険証を持っていても手遅れとなる事例も報告されるようになり、「国保死亡事例」だけでなく広く「経済的事由による手遅れ死亡事例調査」に切り替えました（資料１－１－１）。

（２）調査を継続する過程で浮き彫りになった特徴

①独居の中高年男性…寄せられた事例の特徴として挙げられるのが、男性、中高年層、独居の方が占める割合が高いということです。例年男女比では男性が七〜八割。年齢では五〇代が二割、六

資料１－１－２　死亡事例の男女比、年齢、世帯構成

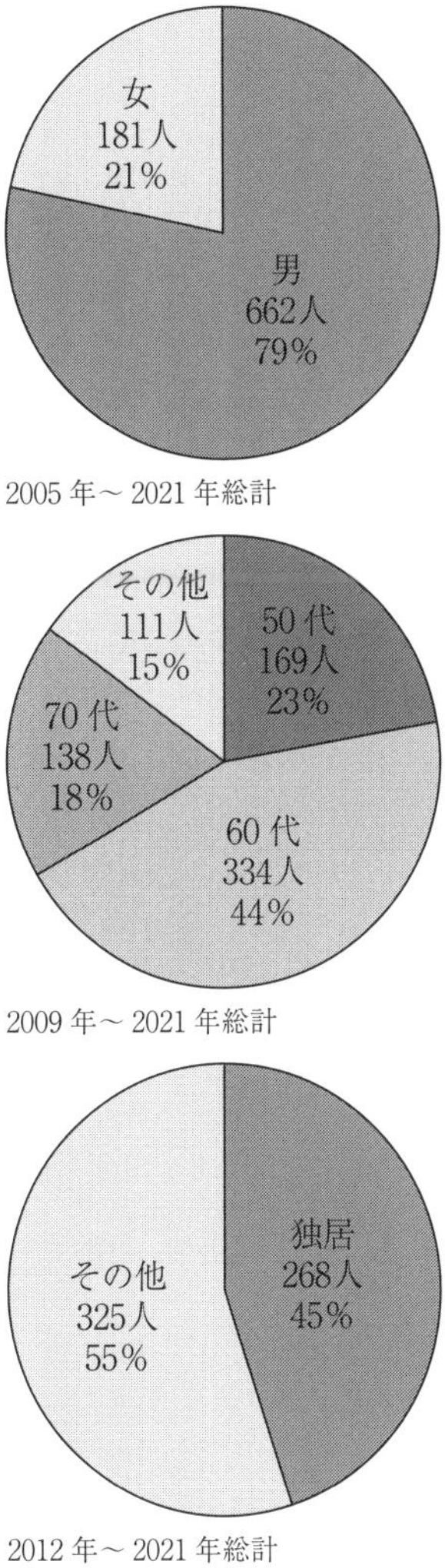

出所：資料１－１－１と同じ

資料1－1－3　死亡事例の雇用状況

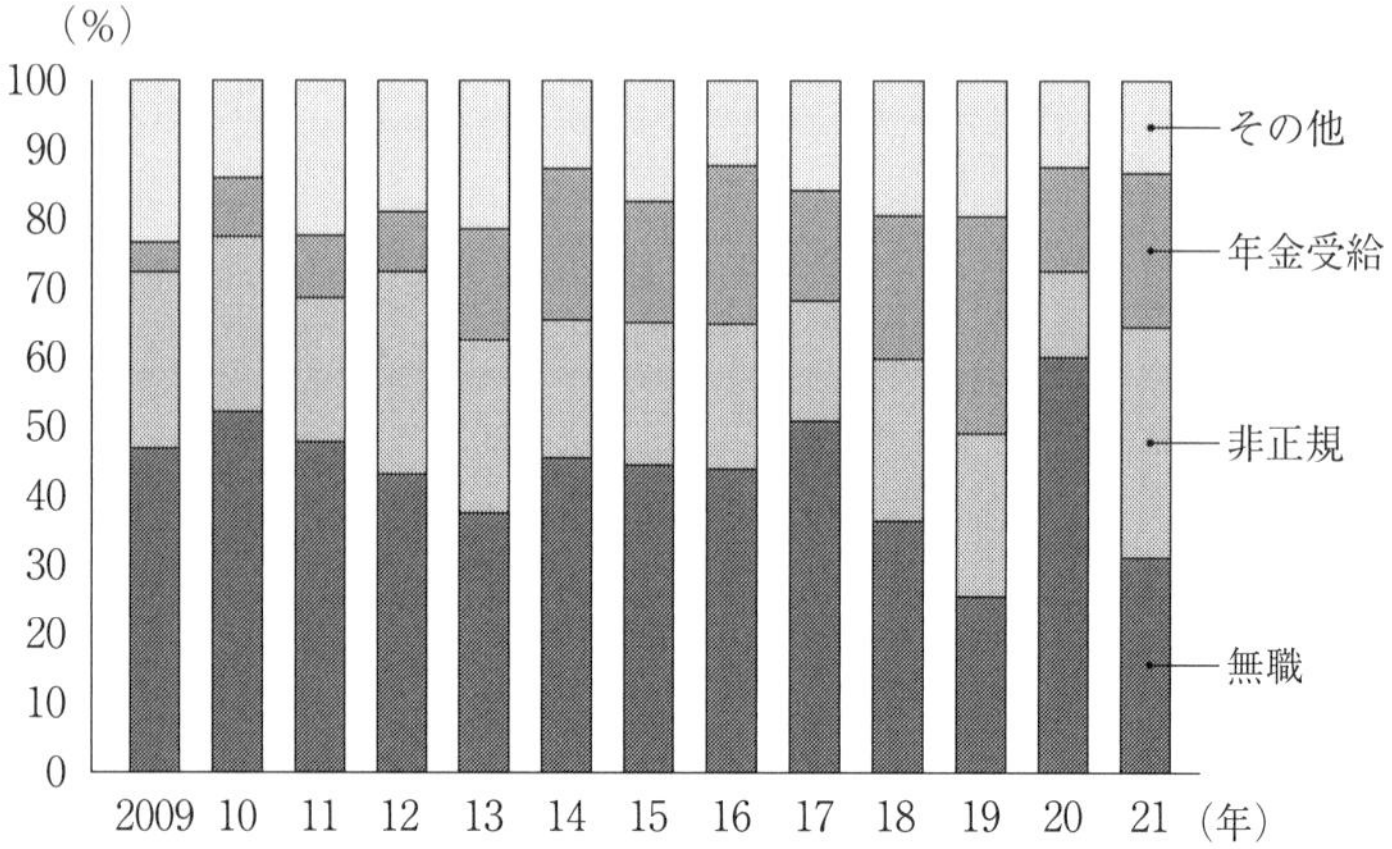

出所：資料1－1－1と同じ

○代が四～五割、七〇代が二割弱で、あわせて八割以上になり、また、独居が半数近くを占めます（資料1－1－2）。

②雇用状況…無職の方が毎年半数近くに上ります。経済的に不安定な非正規雇用の方と合わせると六～七割を占めます（資料1－1－3）。また、年金受給者には、年金だけで生活できずパートなどで不足する生活費を補っているケースが含まれます。

③住まい…住まいは賃貸のアパート等が半数で、毎年、定まった家がない人が一割程度、また路上や屋外での生活をしていた人も数人おられます。

④死因に関連して…死因の六～七割はがんが占めます。自覚症状が出現した時期、あるいは健診などで異常があることを指摘されてから、受診して治療を開始するまでの期間が長いケースも少なくありません。早期に治療開始すれば助かるがんでも手遅れになっています。体動困難になるまで我慢して救急

搬送される事例も多く、女性では、乳がんや子宮がんなど比較的早期に症状を自覚できても、末期まで我慢しているケースが毎回報告されます。

(3) 二〇二〇年および二〇二一年の手遅れ死亡事例調査の事例より

事例1　無保険で定期受診中断、保険証取得したが手遅れとなった事例

【七〇代男性、独居、非正規雇用、無保険】他院で二〇一九年まで高血圧や痛風で受診していたが治療を中断。無保険。二〇二一年六月、歩行のしづらさや食思不振あり。生活困窮自立支援センターが介入し国保証を取得して受診。進行結腸がんの診断で即日入院。腫瘍はかなり大きくなっており、積極的な治療は難しい状態。

年金月六万円と、入院前まで飲食店の皿洗いのバイトで月六万円の収入。ギリギリまで就労し、入院を機に退職した。家賃三万五〇〇〇円。身寄りも地域のつながりもなく、相談できる人がまわりにいなかった。同月、介護保険を申請して自宅退院。ヘルパーを利用。翌月、生活保護を申請し再入院したが、病状が急速に進行し入院を継続して緩和ケアを実施。一〇月、永眠される。

この方は、経済的な理由から受診を中断し、悪化するまで放置され手遅れとなりました。定期受診を継続できていれば、体調悪化に早く対処できた可能性もあります。また、困ったときに相談できる身近な存在がなかったことも、利用可能な制度の情報入手やアクセスを困難にしました。

事例2　経済的理由から抗がん剤治療を拒否した事例

【六〇代男性、独居、無職、国保】六〇歳で退職し少額の年金で生活。数年前から扁桃《へんとう》腫大等の自覚症状あり。他院で悪性リンパ腫の診断をされるも、自宅で亡くなりたいとの思いと経済面を理由に積極的治療を希望せず、A病院の外来を紹介され受診。一年ほど前からリンパ腫は増悪傾向で、抗がん剤治療を勧めるも経済的理由で拒否。このころから全身の浮腫、倦怠感《けんたいかん》の増強、歩行困難などが進行。外来受診時に発熱と低酸素血症が見られてそのまま入院。予後二か月の診断。入院費は無料低額診療事業（無低診）の対象となり適用。無低診と限度額認定証の説明をしたところ、本人は「もっと早くに制度を知っていたら……。一人暮らしで知る術《すべ》もなかった。今の自分は自業自得」と悔やんでおられた。A病院と同じく無低診を実施しているB病院に転院して一か月後、B病院で亡くなられた。

この方も、自覚症状があるのに受診が遅れ、診断確定後も、経済的困難を理由に積極的治療を希望されませんでした。早くに利用可能な制度の情報が適切に提供されれば、治療を開始できたのではと悔やまれます。同時に、医療費負担の重さ、年金受給額の低さの問題も指摘できます。

事例3　地域のつながりや支援はあるも、無年金で我慢を重ね病状悪化し死亡した事例

【八〇代男性、独居、無職、後期高齢者短期保険証】二〇一〇年に妻が逝去。身寄りなく以後独

居。無年金で貯蓄切り崩しの生活。住まいは古いマンションで、組合の役割等は担っておられ、三か月ほど前より買い物にも行けなくなったが、マンション住人の差し入れ等で生活。見かねた住人が地域包括支援センターに相談。介入時、るいそう（著しく痩せた状態）著明、少量の食事摂取、トイレに行けるレベル。公共料金・介護保険料滞納。受診や救急搬送は本人が拒否。地域包括支援センター職員と、診療所の往診担当看護師、ＭＳＷ（メディカル・ソーシャル・ワーカー）が連日訪問。無低診の申請希望を確認、救急搬送の同意を得られＣ病院に救急搬送するも、心不全・肺炎あり、循環器系の専門治療のためＤ病院へ転送。救急搬送時、地域包括支援センター職員が見つけた貴重品は現金三〇〇〇円と昨年記帳で残高一万円ほどの通帳のみ。本人の了承を得て生活保護を申請。三日後、Ｄ病院で亡くなられた。

報告者のＭＳＷは、ご本人から「国にはできるだけ世話になりたくない。かかった分は払います」「入院すれば早くよくなるのはわかっているが、病院には行きたくない」等を聞き取ったと記載しています。マンションでのつながりから地域包括支援センター介入に結びつきましたが、困難な状況に陥っても助けを求められない自己責任論の影響の強さと、そこから生じた制度利用に対する否定感がうかがえます。

（4）コロナ禍の追い打ち

二〇二〇年、二〇二一年の経済的事由による手遅れ死亡事例調査では、コロナ禍の影響についても検討しました。

これまで指摘されてきた経済的困難に、さらにコロナ禍が影響したことが明らかだったのは八事例です。就労収入の減少や失業の他、自営業者の事業収入の減少などを契機に、治療を中断したり、受診控えをしたりして重篤化し、死亡に至っています。「ステイホーム」や「ソーシャルディスタンス」が求められる中で、もともと孤立しがちだった高齢独居の方が、一層地域でのつながりが希薄になり、地域から分断されたことがうかがえる事例も報告されました。

また、二〇二〇年から二〇二一年にかけての特徴として、地域の方々や近隣住民の報告を受けた地域包括支援センター等からの紹介事例は減少し、反対にぎりぎりの状況に陥ってからの救急搬送が倍増しました。

事例4　コロナ禍で収入が減り、受診控えをして手遅れとなったがん患者の事例

【六〇代、男性、独居、非正規雇用、国保証】二か所でアルバイトをしながら生計を立てていたが、コロナによる外食産業低迷の煽《あお》りを受けた会社から解雇され、収入が減った。数か月前より腹

部の痛みが出現するも、医療費の心配もあってなかなか受診できず、市販薬の痛み止めを内服しながら我慢していた。その後、歩行できないほどに右腹部痛が増強し、二〇二〇年一〇月に受診。検査の結果、胃がん、転移性肝がんの診断。緊急入院するも、手術困難で化学療法を開始。その後、入退院を繰り返しながら治療継続し、二〇二一年三月永眠。

事例の報告者は、症状が出現したときに受診していれば、あるいは違う結果だったかもしれないとの指摘をしています。コロナ禍のような急激な収入減少に対する生活保障、いつでも誰でも、医療費を心配せずに受診できる仕組みや制度と、その周知が必要です。

事例5　後期高齢者医療保険証は留め置き、コロナ禍で退職、受診が遅れた患者の事例

【八〇代、男性、娘と同居、無保険（後期高齢者医療保険証留め置き）】二〇一九年まで高血圧でE病院に通院していたが、経済的理由で中断していた。ガードマンの仕事をしていたが、二〇二〇年六月、体力的な問題とコロナ禍による仕事の減少で退職し、収入は年金のみに。娘は腰痛あり外で働けず、在宅ワークで月四万円の収入。男性は一か月以上前から寝たきり状態に。しかし、保険証が手元になく、市役所での保険料滞納の相談も娘は腰痛で行けず、受診をためらっているうちに本人が意識喪失。娘が救急隊要請して、F病院へ救急搬送され、肺炎・尿路感染症で入院。三週間後に永眠される。入院中に娘が市役所に相談に行き、保険証発行、減額証発行となった。

コロナ前から経済的困窮があり受診を中断、保険料滞納で保険証も留め置きされていました。同居の娘も腰痛を抱え、必要な支えになり得ていません。報告者からは、保険料滞納時点で、自治体から減免制度や生活困窮自立支援制度の案内がされるべきとの指摘がありました。コロナ禍での就労収入減少も追い打ちをかけましたが、そもそも八〇代になって、就労収入で補わないと人間らしい生活が成り立たない低年金の実態があります。高齢期に安心して生活ができる年金保障制度が求められます。

(5)社会からの孤立がいのちを切り縮める

毎年実施してきた経済的事由による手遅れ死亡事例調査からは、年金制度など高齢期の経済的な生活保障、社会的なセーフティネットの不十分さによって、少なくない方々が経済的に困窮し、いのちを切り縮められている実態が浮かびあがります。

そうした方々の多くは、家族と疎遠になったり絶縁状態になったりしている、近隣づき合いもなく相談できる相手がいないなど、いざというときに頼れる人間関係、地域社会とのつながりが希薄な場合が多いことも特徴的です。あるいは、つながりがあっても他人に迷惑をかけたくないなど、自己責任論が浸透している実態もあります。住宅が社会保障ではなく「個人の甲斐性《かいしょう》」で確保するものになっている日本において、賃貸アパートに一人住まいで近隣社会との接点をつくりにくい人、そもそも定住する住まいがない人もいます。高齢者の場合、アパートの建て替え等で退去を求められても、新たな住まいの賃貸契約すら困難で、いのちが脅かされる事態につながっています。

わたしたち全日本民医連が、各地の事業所を通して把握できる事例はほんのわずかで、毎年行う調査結果の記者発表でも、これらは「氷山の一角」であると繰り返してきました。それでも、手遅れの状態になって、ようやくわたしたちがつながることができた事例から、何がこれらの人たちのいのちを奪ったのか、社会に問いかけ続けることが大事だと考えています。

地域に根差した医療機関、介護施設・事業所で働くものとして、つながる必要のある大勢の人に気づくこと、その周囲にいる人たちとともに、人間らしく生きていける地域に変えていこうと社会に呼びかけ続けること、そのことを肝に銘じて今後も調査を継続していきます。

二 「高齢者医療・介護・生活実態調査」とその今日的意義

次に、全日本民医連が二〇〇六年、約二万人を対象に取り組んだ「高齢者医療・介護・生活実態調査」結果について述べていきます。一七年前の調査について、今あえて述べるのは、高齢者の貧困問題をめぐる構造がこの調査には示されており、それに対して政策的な対応がなされてこなかった結果として、前項で見たような今日の実態があると見えるからです。その意味では、時が経《た》った今でも、この調査の結果を多くの人々に共有していただくとともに、政治家・政策関係者に対応を求めたいという思いがあるからです。

（1）調査結果が示す「貧困」「孤立」

本調査は、①「聖域なき改革」を掲げた「小泉構造改革」のもとでの高齢者の生活実態や現状で抱えている困難を把握すること、そのことを通して、②社会保障制度に求められる課題を明らかにし、政府・自治体にその実現を求める運動につなげていくこと、③高齢者が安心して住み続けることができるまちづくりに生かしていくことを目的に実施しました。二〇〇六年一〇月〜一一月を実施期間とし、対象として民医連の事業所の「友の会」会員や医療生協組合員から約七万人をリストアップし、訪問・面談調査を通して二万二五一人から有効回答を得ました（調査員は述べ二万四〇〇〇人でした）。以下、結果の概要を報告します。*1

調査結果の特徴点

①一人暮らしが四分の一、夫婦のみ世帯が三割、女性の三分の一が一人暮らし…女性が全体の六割（六二・〇パーセント）、年齢構成では七五歳以上が六割（六〇・九パーセント）を占めました。世帯構成は一人暮らしが四分の一（二五・四パーセント）、「夫婦のみ世帯」が三割（三〇・七パーセン

ト）で、女性では三分の一（三三・〇パーセント）が一人暮らしでした。
②本人収入は月一〇万円未満が四割、女性は五割…本人収入（月額）は、一〇万円未満（＝年間一二〇万円未満）が全体の四割（四〇・〇パーセント）を占め、うち「収入ゼロ」は五・三パーセントでした。女性では五割（五一・六パーセント）が一〇万円未満でした。市町村民税非課税世帯（介護保険料第一～第三段階）の回答者が全体の四割（四〇・八パーセント）を占めました。生活保護受給者（医療扶助）は五・三パーセントで、そのうち七割が一人暮らし世帯でした。
主な収入源では、「公的年金」が最も多く、年金受給者のうち、国民年金のみの受給が二割（二二・〇パーセント）を占め、八〇五人（四・〇パーセント）が無年金者でした。医療保険は、国民健康保険の加入者が全体の八割（八〇・〇パーセント）を占めました（後期高齢者医療制度の実施は二〇〇八年度）。医療保険未加入者が六三人（〇・三パーセント）でした。
③三分の一が生活の苦しさを訴え、六人に一人が生活費を切り詰め、一割が貯金を取り崩し…経済的な暮らし向きで、回答者の三分の一（三五・七パーセント）から「やや苦しい」「大変苦しい」との回答を得ました。ここ四～五年で、「やや苦しくなった」「大変苦しくなった」が四割（四二・七パーセント）を占めています。
二〇〇六年に実施された住民税、国民健康保険料、介護保険料の引き上げについて、六人に一人（一六・四パーセント）が「生活費が足りなくなり、支出を切り詰めている」、一割強（一一・七パーセント）が「支出を切り詰めるとともに、預貯金を取り崩している」との回答でした。切り詰めて

いる生活費（上位四つ選択）では「被服・履物費」がトップで、次いで「食費」が多数でした。「一人暮らし」で最も多かったのは「食費」の切り詰めでした。

医療・介護の支払いに対する負担感では、四五・九パーセントが「とても負担」「やや負担」と回答し、医療・介護費用の負担可能額は、「一円〜五〇〇〇円まで」が最も多く四五・〇パーセントを占めました。

④四割が健康状態「不調」で「外出」が支障のトップ、九割が医療機関を受診…現在の健康状態について、「よくない」「あまりよくない」が回答者の四割（四〇・六パーセント）を占めました。健康上の理由による日常生活の支障の有無について、四四・七パーセントが「ある」と回答、支障の内容として最も多かったのは「外出」で、以下「仕事や家事」「運動」「入浴や洗顔」と続きました。病気やけがの治療のため、八六・五パーセントが医療機関を受診していました。

⑤介護保険利用の困難…要介護認定を受けても介護保険サービスを利用していない方が認定者の一割（一一・六パーセント）を占め、その理由（回答総数三四七四件）では、「介護サービスの利用が必要な状態でない」が最も多く（二四九九件）、以下「家族介護で対応している」（三一五件）、「利用料などの経済的な負担が大きい」（一七九件）、「現在の介護サービスが使いにくい」（一三七件）などの回答がありました。

二〇〇五年一〇月から施設などで居住費・食費が全額自己負担となりましたが、施設から「退所した」ケースが一七件、施設の「入所予約を取り消した」ケースが七七件ありました。

⑥全体の三分の一が「ほとんど」または「まったく」外出しない…「ほとんど外出しない」「まったく外出しない」（＝「外出なし」群）が三三・〇パーセントで、回答者のほぼ三分の一を占めました。最も多かった理由は「身体の具合が悪い」であり、以下「連れて行ってくれる人がいない」「外に出かけるとお金がかかる」などが続きました。

近所との「つき合いはない」が一一・〇パーセント、「会ったとき挨拶《あいさつ》をする程度の人がいる」が二一・五パーセントでした。

「外出なし」群の特徴として、日常生活での「支障あり」が六六・九パーセントを占め、「外出あり」群の三〇・九パーセントと対照的な結果が見られました。さらに、「外出なし」群では、二一・五パーセントが「近所づき合いなし」と回答しました。また、心配ごとが「ある」が六五・六パーセントを占め、一三・八パーセントが相談相手が「いない」との回答でした。

⑦六割が様々な心配ごとを抱え、八割が将来への不安を表明、相談相手「なし」が一割…回答者の六割（六一・二パーセント）が、日常生活での心配ごとが「ある」と回答し、心配ごとの具体的内容では「自分の健康」が最も多く、次いで「家族の健康」でした。

回答者の八割（八一・二パーセント）が将来に対する不安が「ある」と回答しました。「将来不安」の具体的内容として、「自分の健康や病気のこと」がトップ、次に多かったのは「自分が寝たきりや身体が不自由になり介護が必要になること」でした。

心配ごとや不安なことに対する相談相手の有無について、「いない」が回答者の一割（一〇・二パーセント）を占めました。

（２）具体的な事例、当事者の声

訪問時の聞き取りの中で本人から寄せられた声、調査員のコメント（事例）の一部を紹介します。

◎腰をかがめるほど低い天井の三畳半の暗い部屋で寝起きしていた（福岡）。

◎玄関は車イスの通るスペースもない。畳はぼこぼこ。物であふれ、足の踏み場もない部屋にベッドもなく休んでいた。ここで三人が生活している（兵庫）。

◎年金月九万円で医療・介護費用が二～三万円。ヘルパーがいる時は灯油（ストーブ）をつけ、帰れば消して布団に入っている（青森）。

◎暖房は豆炭。火をつけるガス代も節約し、もらった木を燃やす。一日一食で電球も買えない。自殺も考える（長野）。

◎生活保護費が毎年削られ、家賃と光熱費を払うと残りは三～四万円。庭のツワブキを食べ、外出を控えている（宮崎）。

◎三年前に夫に先立たれ下肢痛・腰痛・耳鳴りあり左眼見えず。ヘルパーの支援のみでは日常生活は厳しい。たまに来る息子や近所に頼るしかなく、実態は本人の忍耐の上に成り立っているように思われる。独居で、夜間は恐怖と不安も多く、トイレも転倒の不安が大きい（千葉）。

◎年金収入のみの一人暮らし。交通費、暖房費などを辛抱し、常に電気を切っている。老人会などの行事も断っている（熊本）。
◎夫の入院費が月二〇万円で年金が消える。貯金を切り崩しているが、命か生活か、どちらが先になくなるか心配（東京）。
◎夫の入院で医療費がかかるので、食費を削っている（福井）。
◎月七万円の年金、家賃や光熱費を払うと残り二万円程度しかない。ここから医療費も払っている（新潟）。
◎介護費用が心配で末期がんの夫を一人で介護。二か月で三～四キロ痩せた（福島）。
◎同居の長男に職がなく、一家四人が嫁の収入で生活。本人は要介護度四だがデイケアを週三～四回から二回に減らした。薬が増えると出費が増えるため、「診察時にはがまんできる不調は言わないでほしい」と息子に頼まれている（沖縄）。
◎長男が失業。老夫婦の年金で長男家族も生活。貯金も切り崩さないとやっていけないのに、市民税や国保料、介護保険料負担もあり苦しい。妻は膝が痛いが、医療費がいるので受診しない（京都）。
◎お金のいる胃カメラを断っている。糖尿病もあるが定期受診は難しい（福井）。
◎遺族年金と原爆健康管理手当では生活できず、八〇歳で日雇い労働。現在、仕事がなく自宅待機。入浴は週二回、トイレは大便の時だけ流す。生活保護を申請したが姉妹の住所を聴かれあきらめた（長崎）。
◎妻と二人で月八万円の年金で生活。医療費が月一万八〇〇〇円かかり生活に困っている。調子がよい時には高齢者事業団で働くが、今は痛みがあって働けない（新潟）。
◎気づくと通帳の残高が一〇〇〇円台になっている時がある（新潟）。
◎独居で近所づき合いもなく、閉じこもりがちになっている。眩暈《めまい》で外出できずにいるようで、健康の不安が大きい。近くに娘が住んでいるが、心配をかけたくないので悩みの相談はできない（千葉）。

（3）調査のまとめ

〈貧困〉―厳しい経済実態・生活困難

本人の月収一〇万円未満が全体の四割を占めています。特に女性ではこの割合が五割を超えており、女性の経済的な厳しさがうかがえます。

こうした中で、三人に一人が現在の生活の苦しさを、四割が直近の四～五年で暮らし向きが下降していることを訴え、六人に一人が生活費が足りず支出を切り詰めている、さらに一割が「貯金を取り崩している」と回答しています。「年金は月三万円のみ、切り崩してきた貯金が底をついて生活できない」など、調査員が訪問時に相談を受けたケースがあったとの報告も寄せられました。支出の抑制は、介護サービスの利用や受診を控えるという形でも行われています。

また、収入（本人月収）が低い層ほど、健康に対する主観的評価が低く、生活上に支障があるという回答率が高くなっています。外出頻度も低所得層ほど低く、心配ごとがあるとの回答率が高いという調査結果も得られました。

調査員による訪問時の聞き取りでは、本人・家族から深刻な実態が切々と語られました。調査全体を通して、多くの高齢者・世帯が厳しい経済環境におかれており、そのことが健康状態を含め生活全体に様々な支障・困難をもたらしていることが明らかになりました。

〈孤立〉—独居、「外出なし」群に特有の困難

一人暮らしが回答者全体の四分の一を占め、七人に一人が日頃の相談相手がいないと回答しています。また、健康に対する主観的評価が低い傾向が見られ、日常生活の支障があるという回答が半数を超え、他の世帯類型よりも多くなっています。

全体の三分の一を占めている「外出なし」群は、収入（本人月収）が低い層ほど、その比率が高くなっており、月五万円未満の収入層では四割を占めています。外出頻度の低い層では、生活上の支障が、家事、入浴、食事、起床など日常生活にかかわるすべての項目において高率になっています。

一人暮らし、「外出なし」群では、周囲との関係づくりの点で固有の困難を抱えていることが明

らかになりました。

調査に反映されなかった実態

調査結果をとりまとめる際にあらためて注目したのは、当初対象者としてリストアップした七万人のうち、約五万人から協力を得られなかった点です。「生活がたいへんな家庭ほど自宅に調査員が来ることを躊躇《ちゆうちよ》し、拒否する」「いろいろと大変で質問に答える余裕がないと言われた」などの報告が調査員から寄せられました。中には「病院の待合室でなら」と協力いただいたケースも多数ありました。

この調査の背後に、様々な事情のために協力できず、現状の困窮を訴えることすらままならない層が一定の規模で存在していることが推測されます。

（4）在宅生活の継続条件を考える――地域包括ケア政策の前提とは

この時の調査では、本報告とは別に、「生活保護（受給・非受給）」「住まいの状況（持ち家群・非持ち家群）」「軽度要介護者の実態」など、いくつかの角度から結果を分析しました。*2 以下は、在宅生活を継続する条件から調査結果をとらえたものです。現在、政府が推進している「地域包括ケアシステム」を存立させる前提につながるテーマでもあり、あらためて紹介しておきます。

①在宅生活を継続させる主体的条件として、「経済条件」「世帯構成」「住宅状況」の三点が必要なことが指摘されています。[*3] この三点を今回の調査結果に対応させると以下のようになります（計八五八九件）。

(1)「経済条件」

「介護保険料の段階区分」を使用。全体の四〇・五パーセントが「第一段階～第三段階（市町村民税非課税世帯）」に該当。逆に市町村民税課税世帯（「第五段階以上」）は三五・四パーセント。「第四段階」は、本人が市町村民税非課税（世帯は課税）で二四・一パーセント。

(2)「世帯構成」

介護をはじめ家族による様々な支援を期待できない「一人暮らし」が四分の一弱（二三・九パーセント）。逆に相対的に最も家族の支援を期待しうると考えられる「既婚子と同居」世帯（二世代、三世代）が二二・〇パーセント。

(3)「住宅状況」

住まいが安定的に確保されており、状況に応じて家屋の改修・対応が可能と考えられる「持ち家群」が七八・六パーセント、残り二一・四パーセントは「非持ち家群」。

②在宅生活を継続していくための三条件に照らした調査結果

クロス集計（表）の結果、今回の調査結果において、在宅生活の継続三条件に該当すると考えられるグループ（「介護保険料第五段階以上」＋「既婚子と同居」＋「持ち家群」）は全体の七・〇パーセントであり、その対極に位置するグループ（「介護保険料第一〜第三段階」＋「一人暮らし」＋「非持ち家群」）は八・二パーセントという結果でした。以上の二つのグループに属さない八割強（八四・六パーセント）は、三つの条件のうち一つ、もしくは二つを欠いていることになります（資料1－1－4）。

現在、政府が推進している地域包括ケアシステムは、「ケアの形」には言及しているものの、経済状況をはじめとする高齢者本人や世帯がおかれている実態については等閑視されており、さらに「自助」（本人の自己責任）、「互助」（家族や地域の連帯責任）の理念を中核に据えて設計されています。いくら「よいシステム」を構築しても、経済的な事情をはじめとする様々な困難のためにシステムへのアクセスに支障が生じることになれば（特に費用負担に対する支払い能力に関わる影響は大きい）、「システムあって保障なし」ともいうべき事態を広げ、現状の格差・矛盾をさらに拡大させることは明らかです。地域包括ケアシステムに関する論点は多数ありますが、あらためて高齢者の生活実態から政府の構想を検証する作業が不可欠だと考えます。

注

＊1　本調査の設計と結果分析に対して、専修大学・唐鎌直義教授（現在佐久大学教授、本書第3章第1節を執筆）より詳細にわたってアドバイスをいただきました。

資料1-1-4　2006年調査における介護保険料段階×世帯構成×住宅状況のクロス集計

		世帯構成					合計
		既婚子同居（二世代）	既婚子同居（三世代）	その他同居	夫婦のみ	一人暮らし	
第5段階以上	持ち家群	156 1.8%	446 5.2%	614 7.1%	1,095 12.7%	344 4.0%	2,655 30.9%
	非持ち家群	8 0.1%	8 0.1%	62 0.7%	140 1.6%	166 1.9%	384 4.5%
	小計	164 1.9%	454 5.3%	676 7.9%	1,235 14.4%	510 5.9%	3,039 35.4%
第4段階	持ち家群	190 2.2%	509 5.9%	466 5.4%	520 6.1%	115 1.3%	1,800 21.0%
	非持ち家群	13 0.2%	12 0.1%	96 1.1%	92 1.1%	55 0.6%	268 3.1%
	小計	203 2.4%	521 6.1%	562 6.5%	612 7.1%	170 2.0%	2,068 24.1%
第1〜第3段階	持ち家群	175 2.0%	326 3.8%	447 5.2%	673 7.8%	675 7.9%	2,296 26.7%
	非持ち家群	23 0.9%	19 0.2%	140 1.6%	303 3.5%	701 8.2%	1,186 13.8%
	小計	198 2.3%	345 4.0%	587 6.8%	976 11.4%	1,376 16.0%	3,482 40.5%
持ち家群計		521	1,281	1,527	2,288	1,134	6,751
非持ち家群計		44	39	298	535	922	1,838
総計		565	1,320	1,825	2,823	2,056	8,589

注：n ＝ 8,589、％＝全数比

＊2　唐鎌直義氏に都市部の住まいの状況に着目した分析結果を論考にまとめていただきました（唐鎌直義「都市部『非持ち家層』に集中する高齢期の生活問題」、『民医連医療』二〇〇八年八月号）。
＊3　川上昌子教授（淑徳大学）らによる地域調査から。参考文献として、江口英一『生活分析から福祉へ』（光生館、一九九八年）、川上昌子『社会福祉原論読本』（学文社、二〇〇七年）など。

第2節　老いることで貧しくなる国、日本

矢部広明

一　日々暮らすことに〝苦闘〟する国民

(1) 日本国民の〝幸福感〟

毎年三月二〇日の「国際幸福デー」には「世界幸福度調査（World Happiness Report）」が公表されます。この調査は、「一人当たりＧＤＰ」「社会的支援」「健康寿命」「自由」「寛大さ」「政治等の腐敗」を変数に調査したものですが、この調査で日本の順位の低さは毎年、マスコミ・ネット等で

話題となるところです。日本は二〇一七年五一位、二〇一八年五四位、二〇一九年五八位、二〇二〇年六二位、二〇二一年五六位、二〇二二年五四位と五〇位台に低迷し、二〇二三年に四七位に上昇しましたが、G7諸国のなかでは最下位。「先進諸国の中で最低順位ではないか」「貧困問題、移民問題等を抱える発展途上国さえ、日本より幸福度が高い国々が多数ある」といった指摘が毎年ネット上で飛び交いますが、まさに日本国民の置かれている鬱屈《うっくつ》した生活状態を示唆しているのではないでしょうか。

資料1-2-1を見ると「生活費のやりくりの容易さ・困難さ」が現在の幸福感とは切り離せない要素であることがわかります。とりわけ、資料1-2-2を見れば、年収が「全くない」世帯は幸福感ももっとも低いことは当然のことといえましょう。

(2) およそ四割が生活の充実感を感じられない

人間にとってたった一回かぎりの人生、その人生行路のなかで、人々はどの程度、生活の「充実感」を感じているのでしょうか。「令和四年度国民生活に関する世論調査」(内閣府)*1によると、充実感を「感じている」とする人の割合が五八・六パーセント、「感じていない」とする人の割合は三九・一パーセントで、前者よりも少ないとはいえ、およそ四割の国民が充実感を感じられない人生を送っていることになります。国のあり方が問われる大きな問題ではないでしょうか。さらに、

資料1-2-1　生活費のやりくりの容易さ・困難さと現在の幸福感

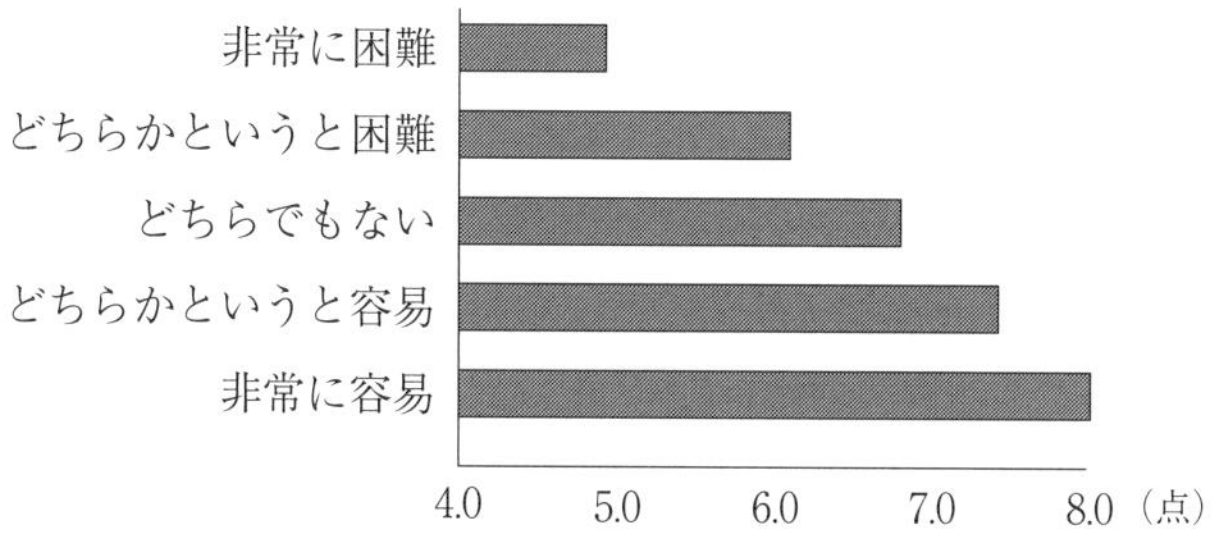

注1：生活費のやりくりの容易さ・困難さを5段階で表明してもらい、それぞれの回答のグループごとに幸福感を聞いた
注2：現在の幸福感は、0点を「とても不幸せ」、10点を「とても幸せ」とする0点から10点のスケールで聞いたもの
出所：第1回生活の質に関する調査（内閣府経済社会総合研究所、2012年4月27日）

資料1-2-2　世帯主年収ごとに見た現在の幸福感

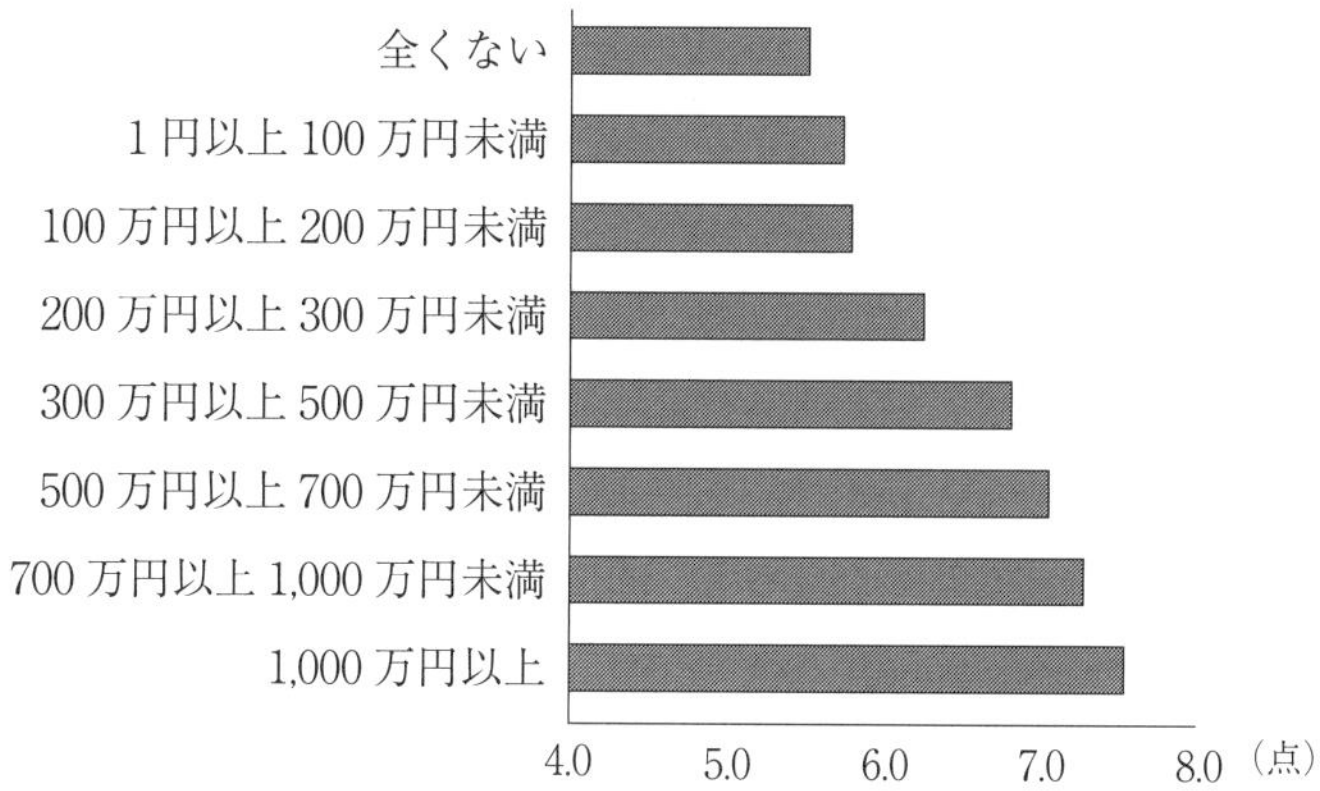

注：現在の幸福感は、0点を「とても不幸せ」、10点を「とても幸せ」とする0点から10点のスケールで聞いたもの
出所：資料1-2-1と同じ

資料1-2-3　現在の生活の充実感

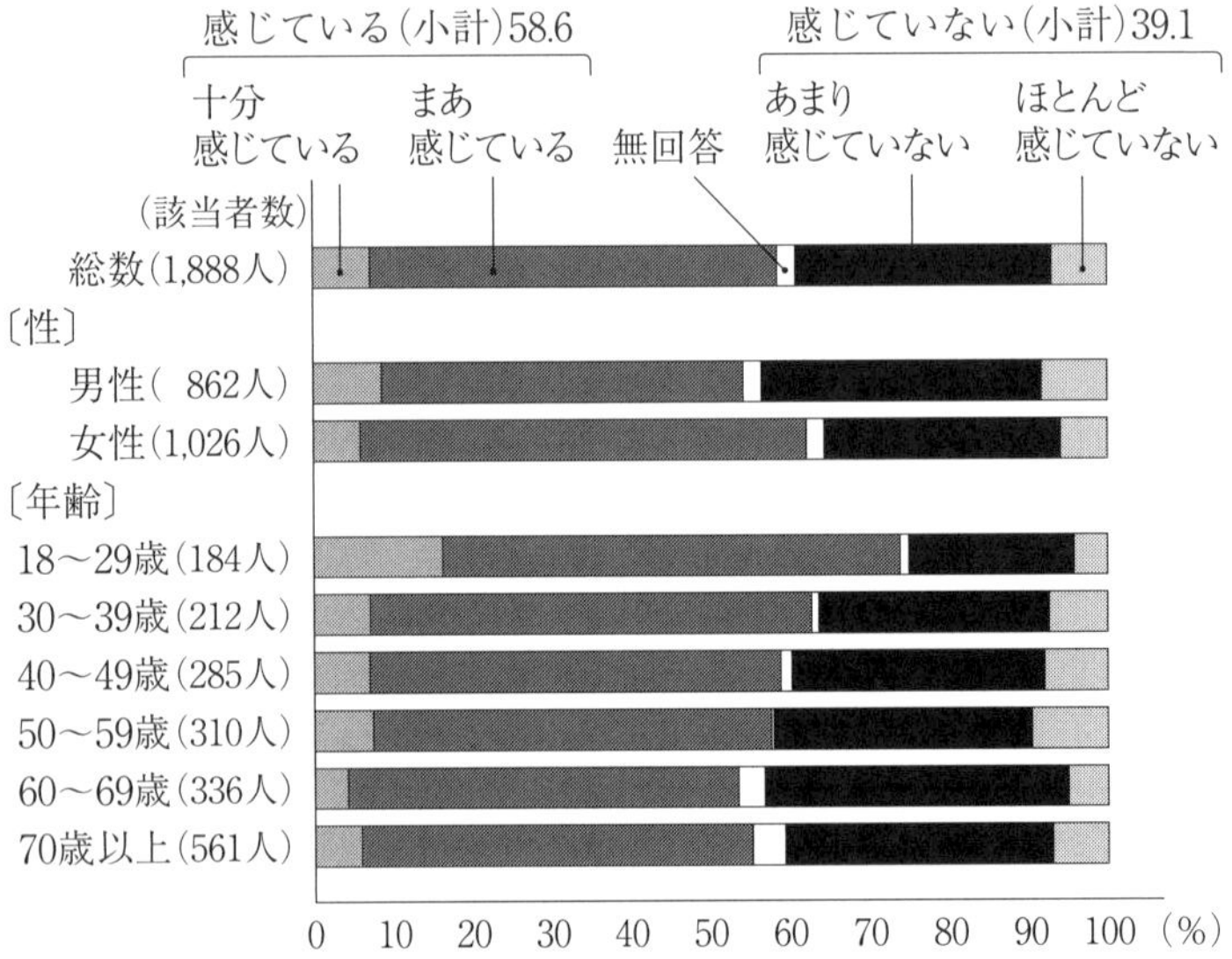

出所：令和4年度国民生活に関する世論調査（内閣府、2022年）

充実感を「ほとんど感じていない」とする人の割合は高齢期を目前にした五〇歳代でもっとも高く、六〇歳代は充実感を「感じていない」割合も各年代のなかでもっとも高く四割を超えています（資料1-2-3）。高齢期が近づく次世代、次々世代にとって、「老いること」への不安がかきたてられ、将来展望に暗い影が差していることを表しているかのようです。

なお、何事も自己責任を強いるわが国では、日常生活を維持していくための保障である所得・収入に対する満足度を見ると（資料1-2-4）、三〇代以上の全世代で「不満」は「満足」の二倍、約六割超に及んでいます。

資料1-2-5に見るように、日本国民の場合、加齢とともに幸福感が低下するこ

資料1-2-4　所得・収入に対する満足度

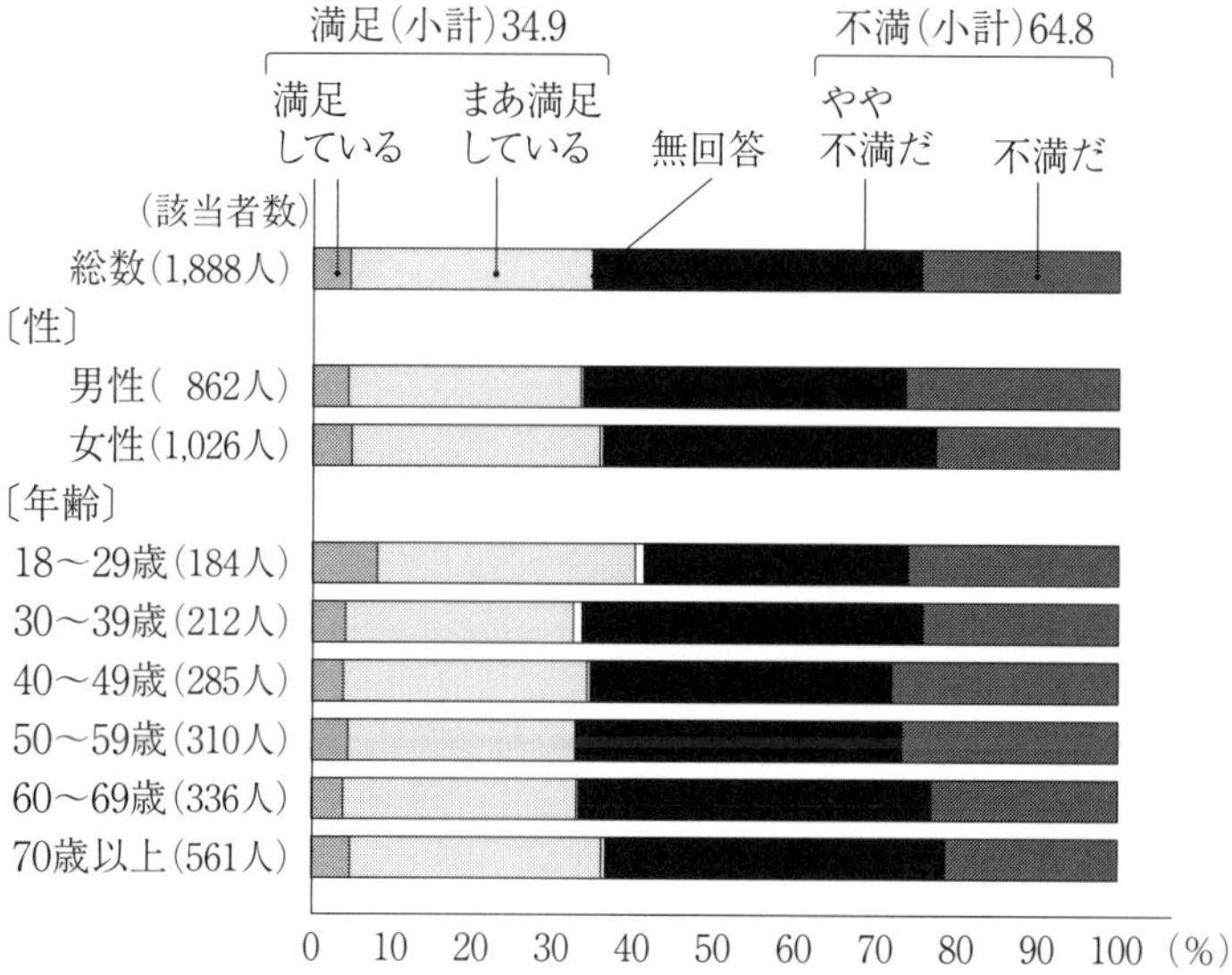

出所：資料1-2-3と同じ

資料1-2-5　年齢別の現在の幸福感

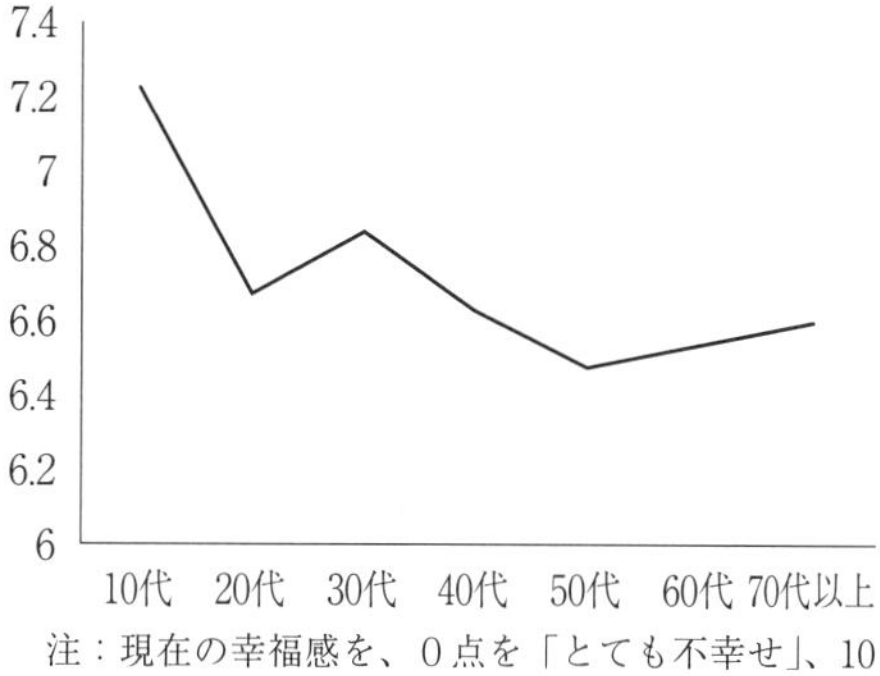

注：現在の幸福感を、0点を「とても不幸せ」、10点を「とても不幸せ」とする0点から10点のスケールで聞いたもの
出所：資料1-2-1と同じ

とにも注目しなければなりません。*2 他方、多くの国民が現在の生活の見通しに不安を持つなかで、若い世代も自らの加齢に対して日々の不安を増幅させています。わが国では老いることは貧しくなることに直結し

資料１-２-６　老後の生活についての考え方（単位：%）

		それほど心配していない	心配である	多少心配である	非常に心配である
全体		18.3	81.2	40.9	40.3
世帯主の年齢別	20歳代	14.6	85.4	52.1	33.3
	30歳代	9.5	90.2	37.8	52.4
	40歳代	10.3	89.4	39.3	50.2
	50歳代	12.5	86.6	42.8	43.8
	60歳代	20.4	78.8	41.0	37.8
	70歳以上	30.3	69.2	41.3	28.0

出所：金融広報中央委員会「家計の金融行動に関する世論調査」〔二人以上世帯調査〕（2019年11月18日）

ていることを肌身で感じているからです。

二　青年時代から老後の準備を始めなければならない国

資料１－２－６は金融広報中央委員会が二人以上世帯を対象に年代別に「老後の生活についての考え方」を聞いたものです。自らの老後の生活について、二〇歳代ですら八五・四パーセント、三〇歳代で九〇・二パーセントが「心配である」と答えています。二〇歳代から五〇歳代までの世代で「心配である」は約九割に及び、「それほど心配していない」は一割前後にすぎません。

さらに、この「心配である」のうち、三〇歳代、四〇歳代は「非常に心配である」が五〇パーセントを超えます。老後を「非常に心配」しながら日々働き、生きなければならない。これが日本国民の実態です。

資料1-2-7　老後の生活を心配する理由

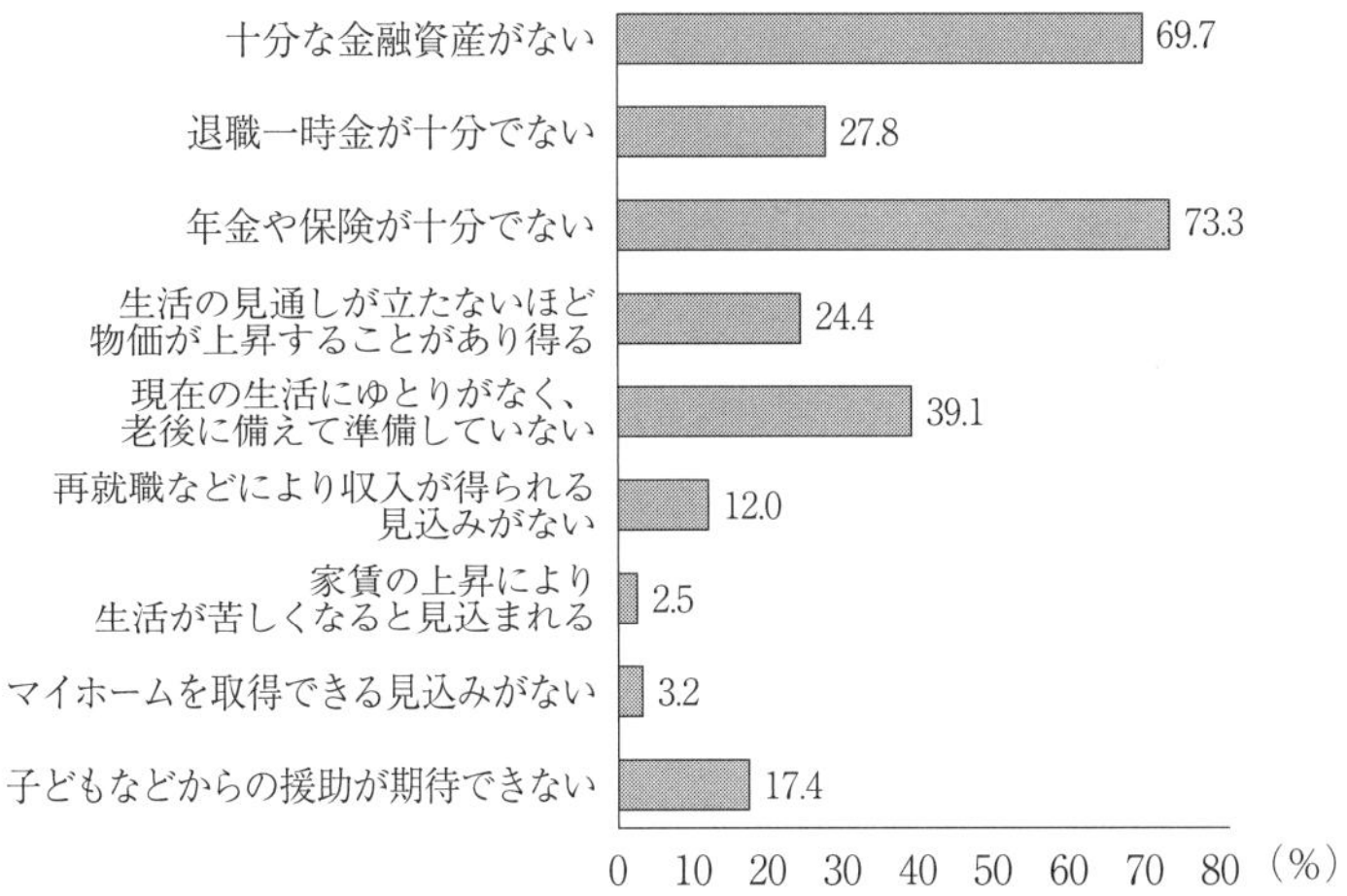

注：複数回答
出所：資料1-2-6と同じ

資料1-2-7は国民が老後の生活を心配する理由を聞いたものですが、「年金や保険が十分でない」、すなわち「安心な高齢期をすごしていけないのでは」という深刻な不安が七三・三パーセントに上り、これを補う「十分な金融資産がない」が六九・七パーセントに及ぶという国民の悲鳴にも似た声を反映しています。そのような老後生活の不安への対応策を取りたくても「現在の生活にゆとりがなく、老後に備えて準備していない（できない）」「再就職などにより収入が得られる見込みがない」「家賃の上昇により生活が苦しくなると見込まれる」など現在の生活の維持に呻吟《しんぎん》していて、そこまで頭が回らないという国民の姿が浮き彫りにされています。

　日本の場合、老後の生活を支える基本的な生活手段は年金ということになります。しかしそ

資料1-2-8　年金ではゆとりがないと考える理由（単位：％）

	全体	世帯主の年齢別					
		20歳代	30歳代	40歳代	50歳代	60歳代	70歳以上
物価上昇等により費用が増えていくとみているから	28.3	20.0	22.0	25.0	23.1	32.2	35.1
年金が支給される年齢が引き上げられるとみているから	29.6	48.9	51.7	49.9	45.3	11.6	4.8
年金が支給される金額が引き下げられるとみているから	55.6	71.1	68.5	67.6	61.5	52.3	37.4
高齢者への医療費用の個人負担が増えるとみているから	26.6	15.6	12.5	17.8	17.8	32.5	37.9
高齢者への介護費用の個人負担が増えるとみているから	25.9	15.6	11.0	13.3	1.3	34.5	44.0
その他	10.0	6.7	7.3	7.7	7.7	11.3	12.1

注：２つまでの複数回答
出所：資料１-２-６と同じ

の年金制度は、若者をはじめとして、国民の多くから信頼されていません。資料１－２－８は「年金ではゆとりがない」と考える理由をまとめたものです。いまでも低額の「年金が支給される金額が引き下げられるとみているから」という回答が過半数となっています。「引き下げられる」ことを予測する「年金不信」が約六割、そして、年代が若いほど「年金不信」が強いことがわかります。年金額が下がるばかりではなく、年金支給年齢が引き上げられることも予測し、不信感を深めています。このほか、高齢者への医療費用、介護費用も個人負担がさらに増え、それらを貧しい年金から支出しなければならないこと、すなわち自己責任、自己負担を強化する国の意図を若者は肌身で感じているのではないでしょうか。

三　日本で老いることは貧しくなること

（1）高い高齢者の貧困率

厚生労働省の二〇二二年国民生活基礎調査によると、わが国の相対的貧困（所得が国民の「中央値」の半分に満たない人）の基準は、世帯年収一二七万円とされ、その相対的貧困率は一五・四パーセント、つまり日本人の六人に一人、約二〇〇〇万人が貧困ライン以下の生活で放置されていることになります。

次に、六六歳以上高齢者の貧困率（男女別）国際比較を見ると、日本は男女とも先進国のなかで、アメリカに次いで世界で第二位の貧困国となっており（資料1－2－9）、さらに、男性、女性とも高齢者の貧困率は「ＯＥＣＤ（経済協力開発機構）平均」を上回っています。

資料1－2－10は、相対的貧困率を年代別に追ったものです。日本の子どもの相対的貧困率の高さが国際的にも際立つとされるなかで、男性では〇歳からはじまって一五～一九歳で一八・四パーセントともっとも高くなったのち、三五歳～三九歳で九・三パーセントまで低下、以後上昇線をた

資料1-2-9　66歳以上高齢者の貧困率

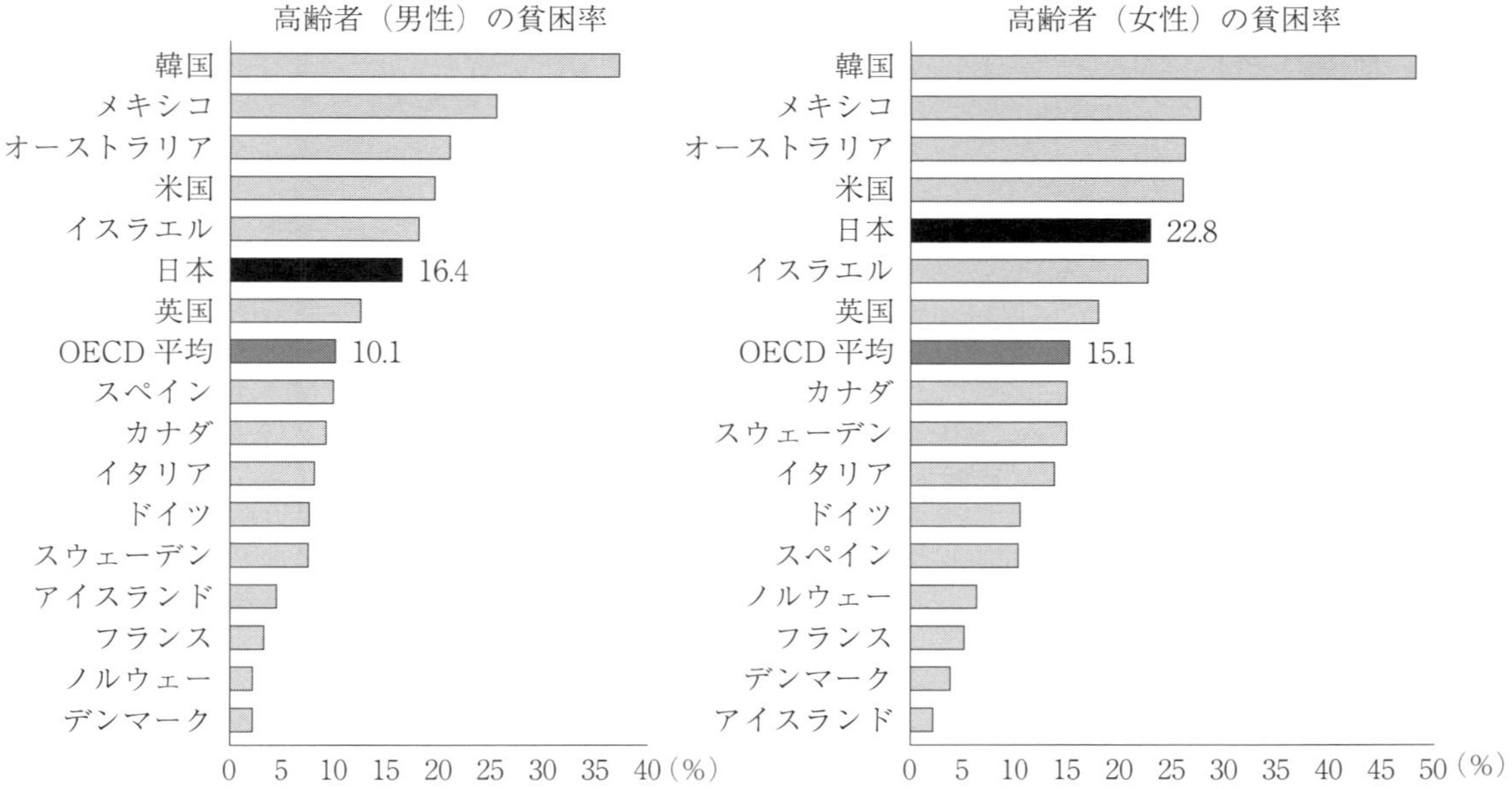

注1：OECD (2021), *Pensions at a Glance 2021* を基に作成。日本については、2018年のデータ
注2：貧困率の定義は、所得が全人口の家計所得の中央値の半分を下回る人の割合
出所：高齢期の女性の経済状況について（内閣府男女共同参画局、2022年4月21日）

資料1-2-10　年齢層別・性別の相対的貧困率

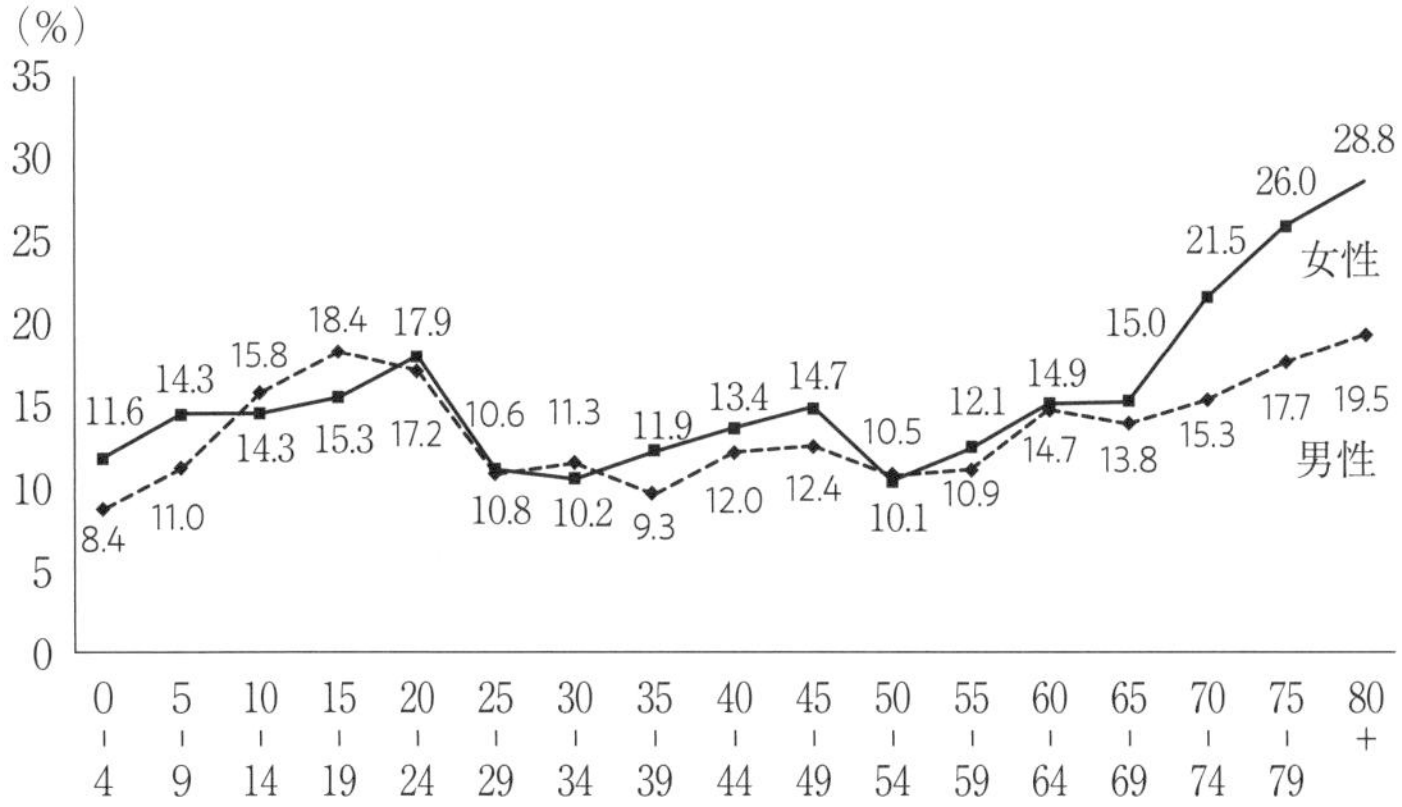

出所：貧困統計ホームページ、「日本の相対的貧困率の動向：2019年国民生活基礎調査を用いて」（阿部彩、2021年）

どります。女性では〇歳からはじまって二〇歳〜二四歳でもっとも高くなったのち、三〇歳〜三四歳で一〇・二パーセントまで低下するものの、以後、上昇していきます。

すなわち、日本国民の生涯は、女性は三〇歳代後半から、男性は四〇歳代から相対的貧困率が上昇しはじめ、女性、男性とも、六〇歳代後半から急速に上昇していくことがわかります。

まさに青年時代から老年時代に向けて相対的貧困率が上昇し、「老いることが貧しくなること」に直結している日本国民の人生行路をこのグラフは象徴的に表しています。とりわけ、女性の貧困化が際立っています。阿部彩氏は「貧困者の四分の一は、高齢女性。殆《ほと》んど四分の一は二〇〜六四歳女性」「二〇一八年の貧困率に二〇三〇年の人口推計をかけ合わせると、貧困者がますます高齢化・女性化する」と女性の貧困化の動向を示唆しています*3。

資料１-２-11　国民年金のみの「老齢年金」

年金月額	基礎のみ共済なし・旧国年（５年年金除く）		
	計	男子	女子
合計	人 5,224,702	人 972,273	人 4,252,429
万円以上　万円未満			
～　1	29,706	1,386	28,320
1　～　2	101,112	9,732	91,380
2　～　3	291,579	36,347	255,232
3　～　4	966,149	135,652	830,497
4　～　5	968,980	184,953	784,027
5　～　6	1,082,986	183,800	899,186
6　～　7	1,322,143	325,801	996,342
7　～	462,047	94,602	367,445
平均年金月額	51,384 円	54,480 円	50,676 円

注：25 年以上、受給権者・受給月額別人員（2021 年度末現在）
出所：令和３年度厚生年金保険・国民年金事業の概況（2021 年）より筆者作成

生きていけない低年金

二〇二一年度末における国民年金のみの老齢年金（二五年以上）受給権者の年金月額階級別分布を見たものが資料１－２－11です。平均年金月額は五万一〇〇〇円ですが、受給者五二二万人のうち、月額三万円未満は四二万人、その八九パーセントが女性です。五万円未満で見ても八四パーセントが女性で、低年金のなかでもとりわけ女性に低年金が集中していることがわかります。資料１－２－12は、老後の収入の男女間格差国際比較（六五歳以上年金受給者）を見たものですが、わが国の女性の年金受給額格差が国際的にもいかに著しいかを示しています。

このほか、全日本年金者組合によると、二〇一七年八月から年金受給資格期間が二五年

資料1-2-12　老後の収入の男女間格差国際比較（65歳以上年金受給者）

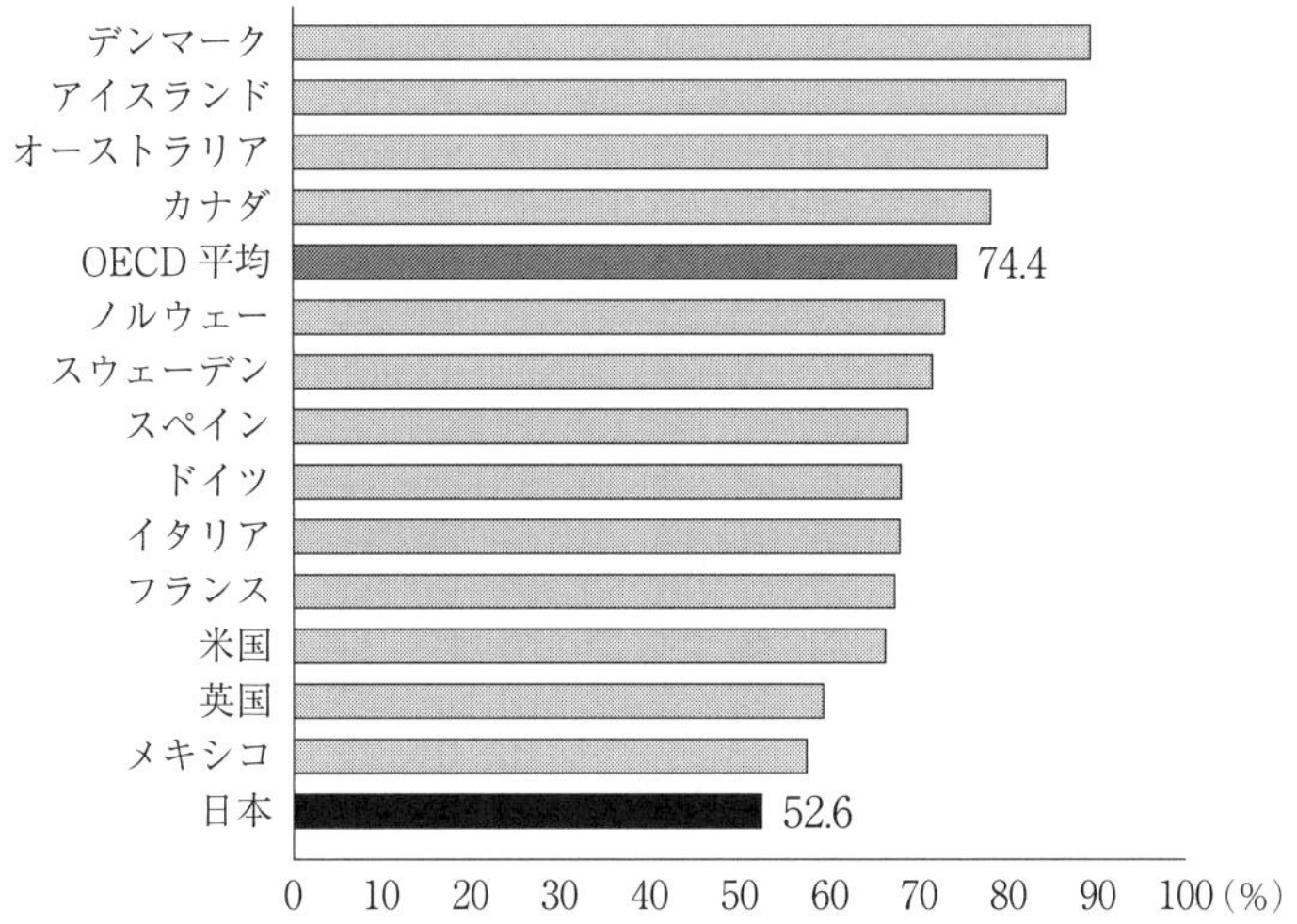

注1：OECD (2021), *Towards Improved Retirement Savings Outcomes for Women* を基に作成

注2：日本とノルウェーは2013年、オーストラリアは2014年、その他の国は2015年以降の国際的な家計調査（LIS等）のデータを利用

出所：資料1-2-9と同じ

から一〇年に短縮され、新たに約五〇万人の年金受給者が増加しましたが、その受給平均額は年額で二万七七八七円にすぎず、低年金受給者は今後さらに増加していくとともに、そのほかに低年金者にすらなれない約七七万人の無年金者が存在するといいます。[*4]

介護保険第一号被保険者にみる低所得高齢者の実態

　わが国の高齢者のほとんどが加入する介護保険制度。その第一号被保険者の所得段階別の内訳を見ると、わが国の高齢者の貧しさがいっそう鮮明になります。第一号被保険者の保険料徴収額は、所得段階別保険料徴収基準によって、無収入及びもっとも低所得の第

資料1-2-13　所得段階別保険料徴収基準と対象第1号被保険者数（万人）

	対象者	人数
1	生活保護受給者、又は老齢福祉年金の受給者で、世帯全員が市町村民税非課税、本人の前年の公的年金等収入金額と合計所得金額の合計が80万円以下	609
2	世帯全員が市町村民税非課税で、本人の前年の公的年金等収入金額と合計所得金額の合計が80万円を超え、120万円以下	296
3	世帯全員が市町村民税非課税で、本人の前年の公的年金等収入金額と合計所得金額の合計が120万円を超える	271
4	世帯の中に市町村民税課税者がおり、本人は市町村民税非課税で、前年の公的年金等収入金額と合計所得金額の合計が80万円以下	446
5	世帯の中に市町村民税課税者がおり、本人は市町村民税非課税で、前年の公的年金等収入金額と合計所得金額の合計が80万円を超える	480
6	本人が市町村民税課税で、前年の合計所得金額が120万円未満	521
7	本人が市町村民税課税で、前年の合計所得金額が120万円以上かつ190万円未満	463
8	本人が市町村民税課税で、前年の合計所得金額が190万円以上かつ290万円未満	238
9	本人が市町村民税課税で、前年の合計所得金額が290万円以上	255
計		3579

出所：令和2年度介護保険事業状況報告（2020年）より筆者作成

一段階から第九段階までに分けられています（二〇二三年度現在。資料1-2-13）。この内訳から浮かびあがるのは、第一号被保険者すなわち六五歳以上高齢者の圧倒的多くが低所得者で占められているという実態です。

第一号被保険者三五七九万人（二〇二〇年度介護保険事業状況報告）のうち第六段階までの二六二三万人（七三・三パーセント）は年所得一二〇万円以下の低所得層です。第七段階まで（年所得一九〇万円未満）以下とすると実に八六・二パーセントが含まれます。

政府は「全世代型社会保障構築会議報告書」（二〇二二年一二月一

資料1-2-14　収入の種類（夫婦合計）

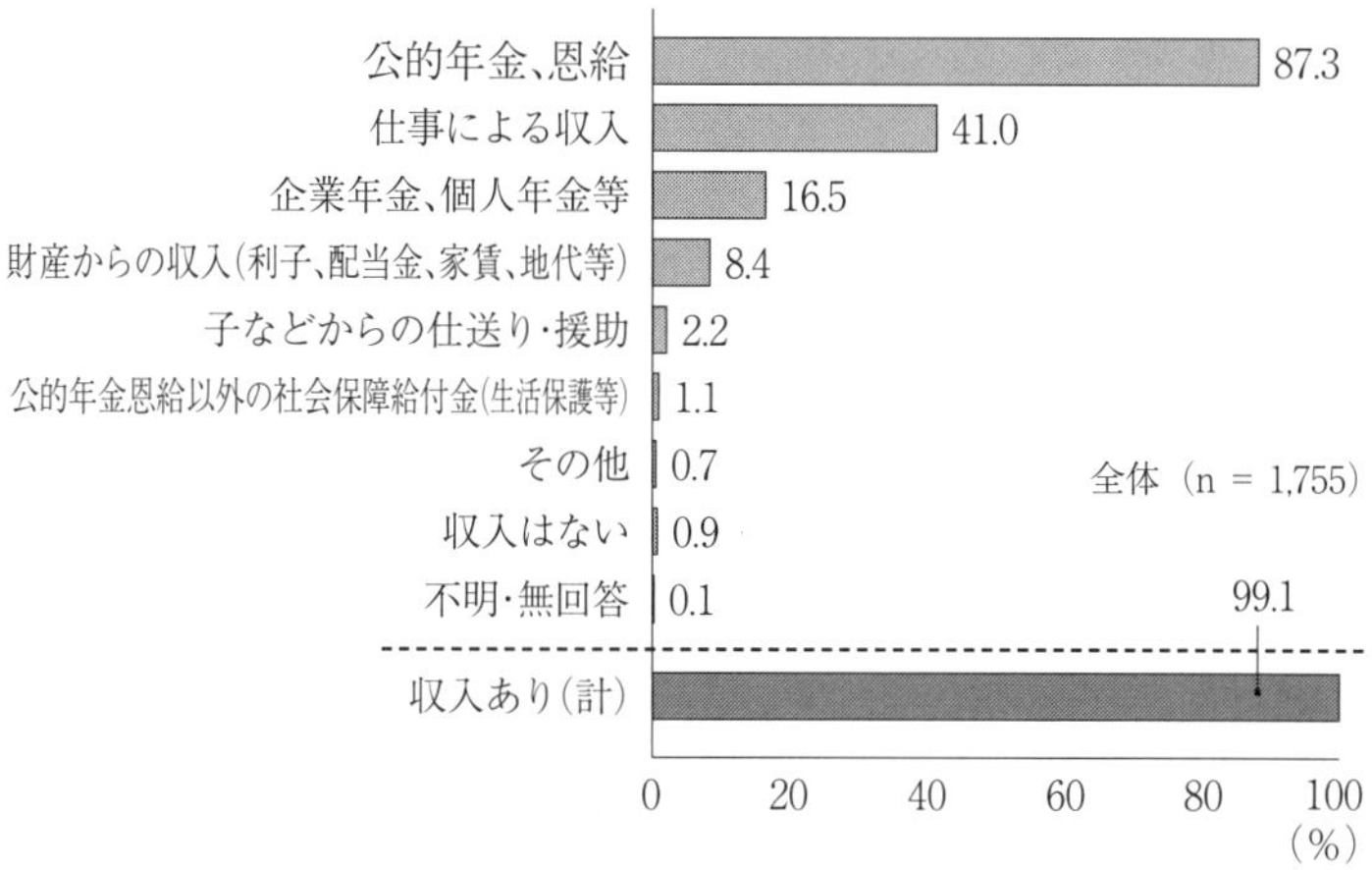

注：複数回答
出所：令和元年度高齢者の経済生活に関する調査（内閣府、2019年）

六日）において、「世代間対立に陥ることなく」公平な負担を図ると述べていますが、その実態は、世代間対立を煽りながら、低所得層高齢者から今以上に介護財源を強制徴収することによって介護保険制度を維持しようとすることであり、国民とりわけ低所得者へのさらなる収奪です。

（２）低収入に呻吟する高齢者世帯

「令和元年度高齢者の経済生活に関する調査」（内閣府）によると、高齢者の収入の内訳は「公的年金・恩給」が八七・三パーセントと約九割を占めています（資料１－２－14）。しかし、高齢者の一か月当たりの収入（配偶者と同居している場合は、夫婦の収入の合計）の平均額は、五万円未満が二・二パーセント、五万円～一〇万円未満が一四・〇パーセント、一〇万円～二〇万円未満が

資料1－2－15　1か月の収入額（夫婦合計）

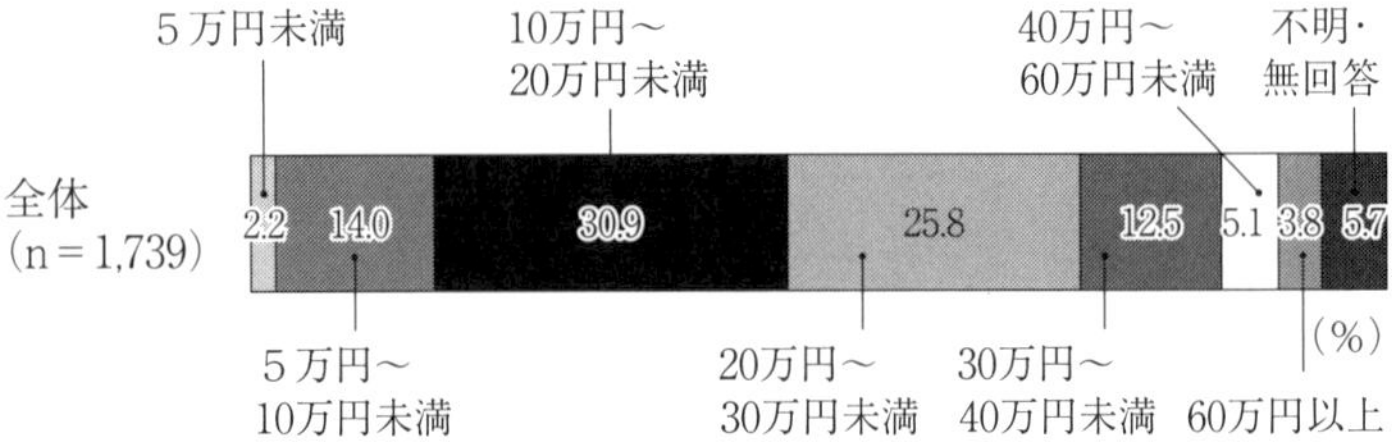

注：択一回答
出所：資料1－2－14と同じ

三〇・九パーセントで、合わせて四七・一パーセント。約半数の高齢者夫婦が一か月二〇万円未満の収入しかないことがわかります（資料1－2－15）。とりわけ、女性では八〇歳以上で五万円～一〇万円未満と一〇万円～二〇万円未満がそれぞれ二四・二パーセント、三九・〇パーセントです。

一方、生命保険文化センターの「令和元年度生活保障に関する調査」によると、夫婦二人が老後生活を送る上で必要と考えられている最低日常生活費は、一か月二〇万円～二五万円未満が二九・四パーセントともっとも多く、以下三〇万円～四〇万円未満が一七・〇パーセント、二五万円～三〇万円未満一三・一パーセントの順だったとしていますが、「経済的にゆとりのある老後生活を送るための費用」として、このほかに平均月額で一四・〇万円が必要という結果だったとしています。しかし、資料1－2－15では、八五・四パーセントの高齢者は一か月の収入額（夫婦合計）が四〇万円未満であり、「経済的にゆとりのある老後生活」が可能な高齢者世帯は（不明・無回答を除き）八・九パーセントしか存在していません。

「二〇二一年家計調査年報」（総務省統計局）によれば、六五歳以

資料1－2－16　65歳以上の夫婦のみの無職世帯の家計収入（上が収入、下が支出）

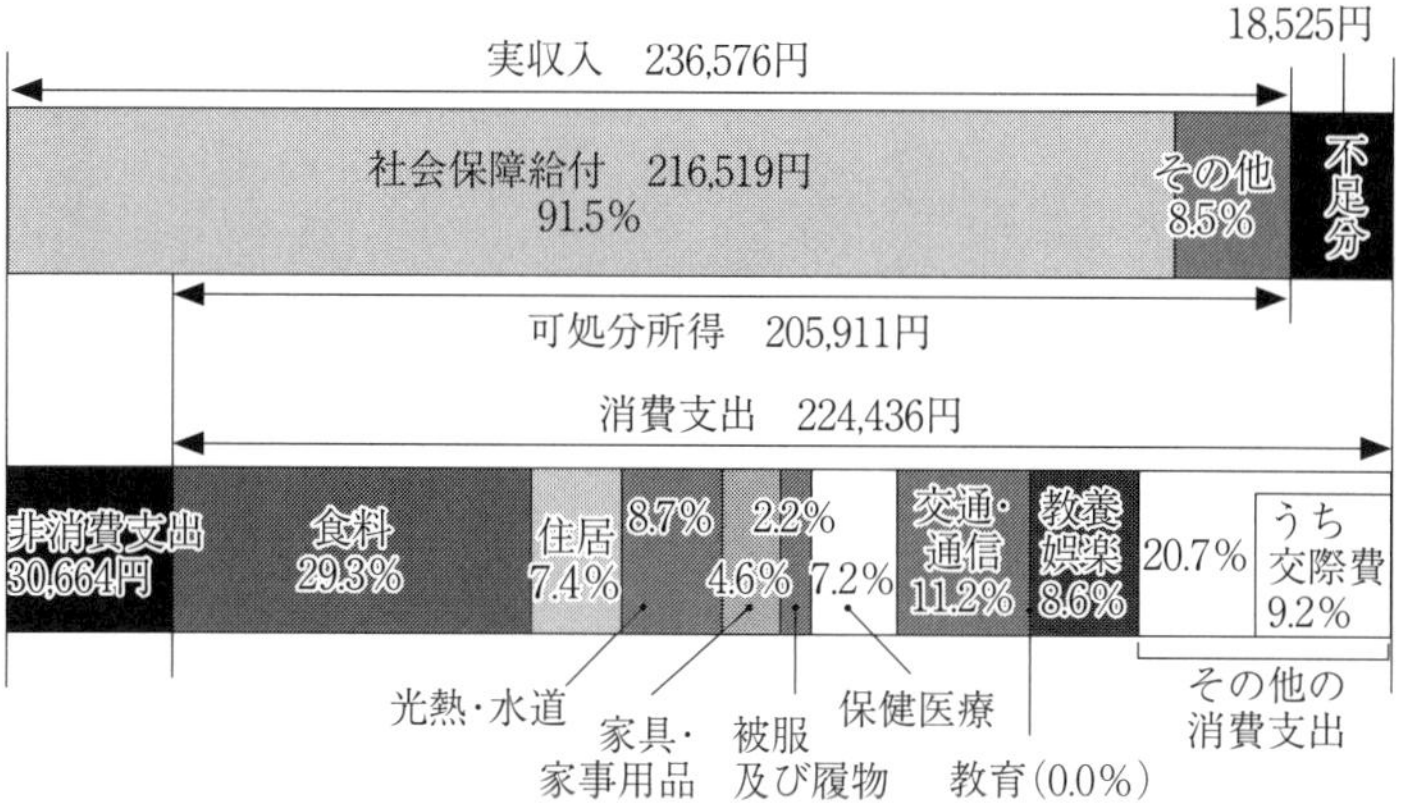

注：割合は四捨五入しているため100%にならない。以下同
出所：令和4（2022）年家計調査年報（総務省統計局）

上の夫婦のみの無職世帯の二〇二一年家計収支は一万八五二五円の赤字（資料1－2－16）、高齢者単身無職世帯は九四〇二円の赤字（資料1－2－17）となっており、多くは預貯金を取り崩す等でこの赤字を補填《ほてん》しながら生活していると見られます。

このような状況のなかで、資料1－2－18は、高齢者にもっとも不安なことは何かを聞いたものですが、「生活費がまかなえなくなること」「医療や介護の費用」「転居や有料老人ホームへの入居費用」など、約八割が経済的不安におびえていることがわかります。なお、「収入や貯蓄が少ないため、生活費がまかなえなくなること」は、全体では二七・八パーセントであるのに対し、賃貸住宅居住者は四五・七パーセントと、家賃負担の重圧が大きいことが推察されます。持ち家ではあるが、住宅ローン返済中の高齢者も三五・九パーセントと高くなっており、高齢で無職になっても住宅ローンを支払い続けなけ

資料1－2－17　65歳以上の単身無職世帯の家計収支（上が収入、下が支出）

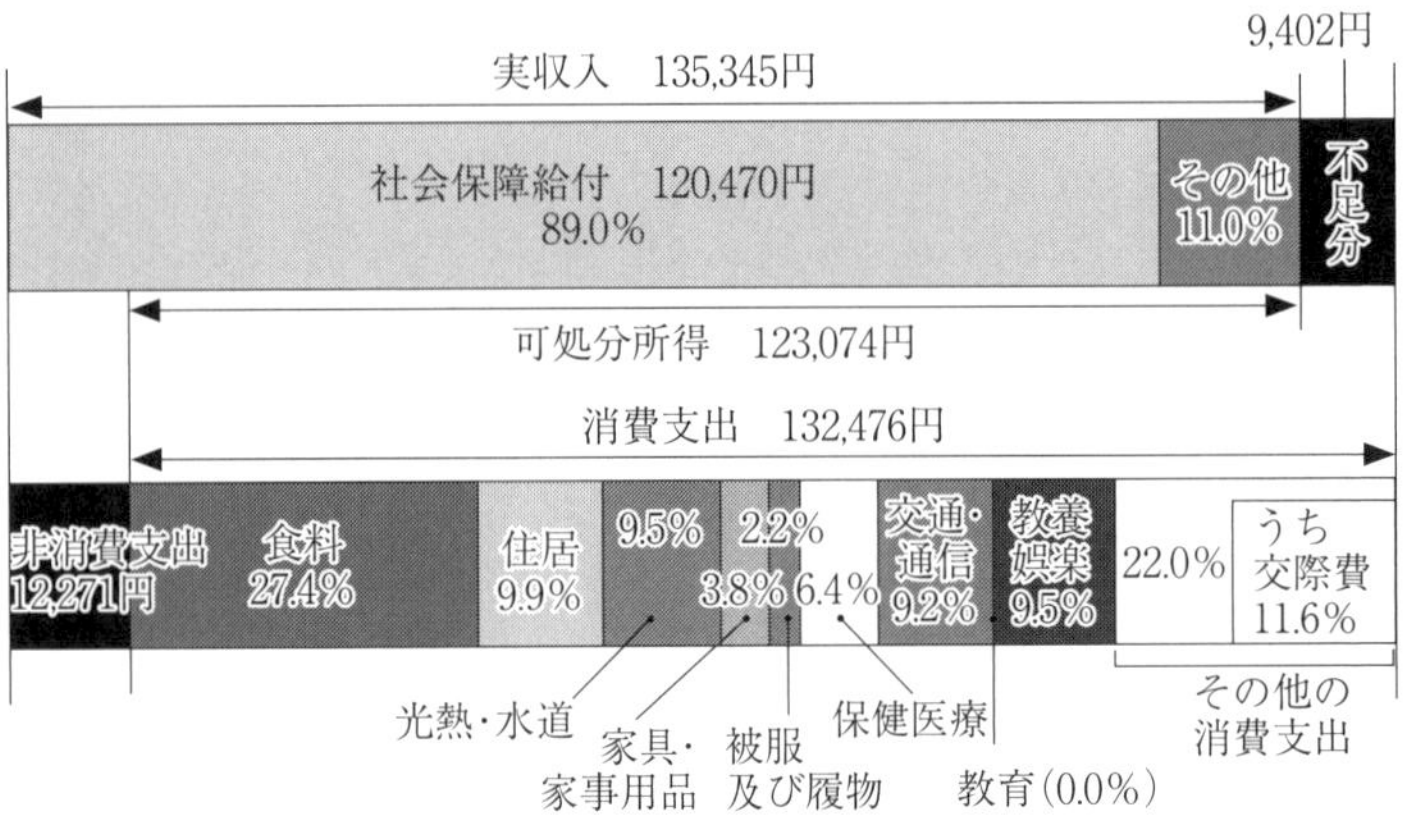

出所：資料1－2－16と同じ

ればならないことが大きな負担となっていることがわかります。

「平成三〇年度高齢者の住宅と生活環境に関する調査」（内閣府）では、日常生活の支出を預貯金を取り崩してまかなうことが、「よくある」は一三・五パーセント、「時々ある」三四・六パーセントを合わせて四八・一パーセントと、半数近くが「取り崩しあり」という結果だったとしています。「この一年間の取り崩しは、平均して一か月にどのくらいか」を聞いた結果では、五万円未満が五〇・五パーセントとほぼ半数、しかし、五万円以上も四〇・一パーセントに上ります（資料1－2－19）。

月々取り崩す預貯金、高齢者世帯にとって、その貯蓄残高がいつまで維持されるのかは、大きな不安です。資料1－2－20を見ると、貯蓄総額五〇〇万円未満が約三割、「貯蓄はない」が約一割と、貧しい高齢者のなかでもさらに厳しい経済状況にある高

資料１-２-18　高齢者の最も不安なこと

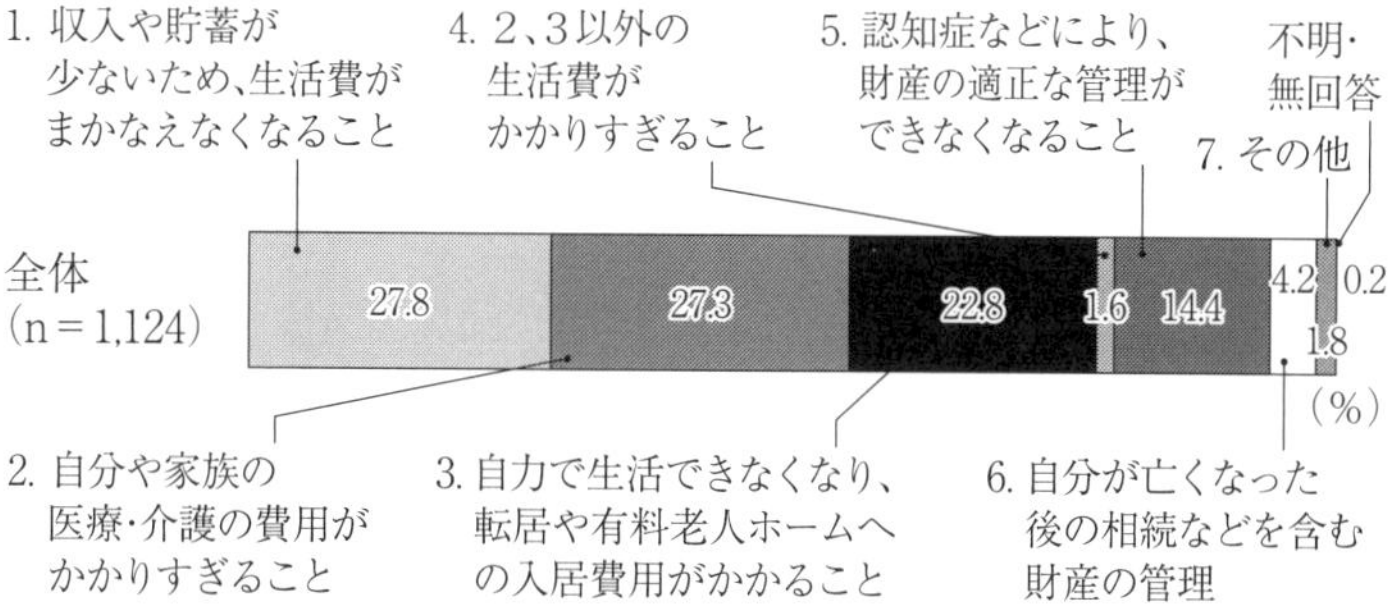

注：択一回答
出所：令和元年度高齢者の住宅と生活環境に関する調査（内閣府、2019年）

資料１-２-19　高齢者の預貯金の取り崩し額

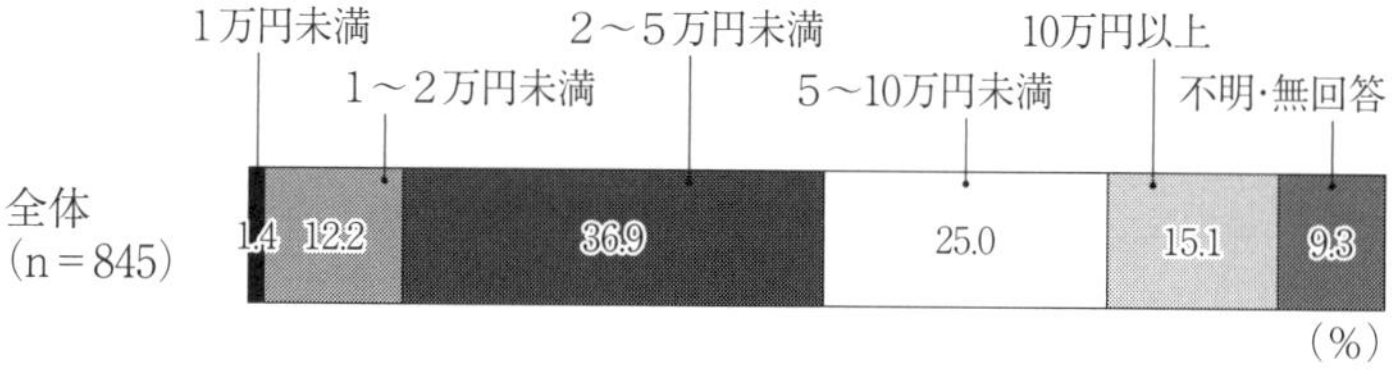

注：択一回答
出所：資料１-２-18と同じ

資料１-２-20　高齢者の貯蓄総額

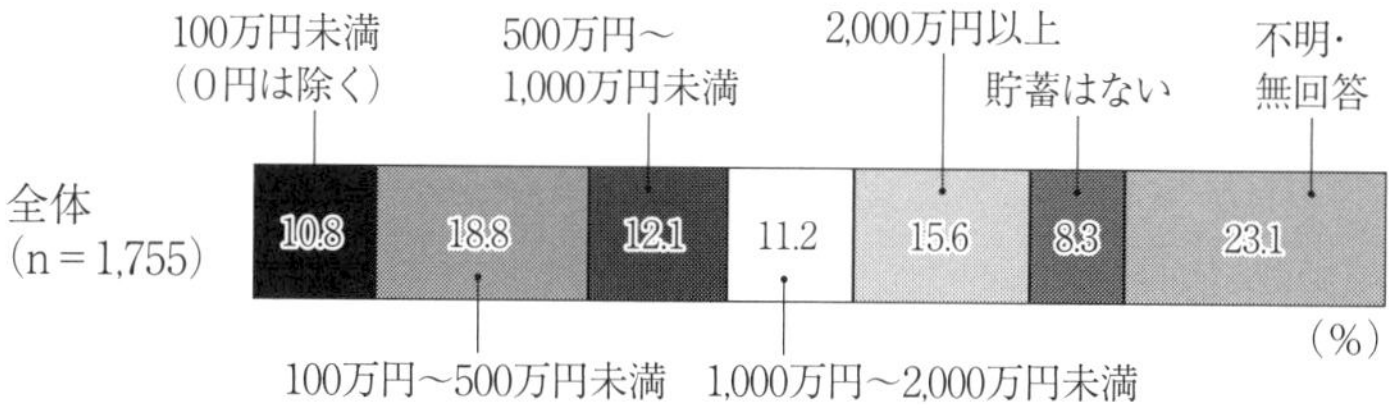

注：択一回答
出所：資料１-２-18と同じ

資料1－2－21　高齢者の現在の貯蓄額は備えとして十分か

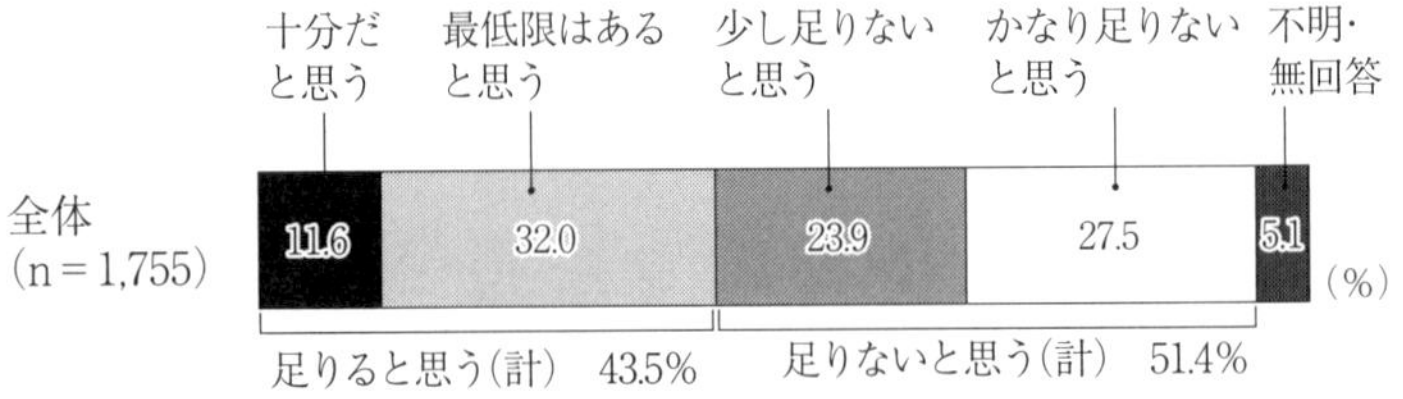

注：択一回答
出所：資料1－2－18と同じ

齢者世帯が四割近くに及んでいます。

　これらの状況から、「現在の貯蓄額は備えとして十分か」を聞いたところ、「かなり足りないと思う」は二七・五パーセントで、「少し足りないと思う」二三・九パーセントを合わせると、五一・四パーセントが「足りないと思う（計）」と過半数は貯蓄額が底をつくこと認めているという深刻な状況です（資料1－2－21）。

四　深刻な老後の住宅問題

（1）誰もがホームレスとなる不安

　ホームレスの過半数が高齢者という実態[*5]が示すように、わが国では多くの高齢者が住居を失いかねない危機にさらされています。そして、「誰もがホームレス化の可能性」を衝撃的に突き付けたのが二〇二〇年一一月の明け方、東京都渋谷区のバス停で殺害された六四歳のホームレス女性の事件でした。
この女性は、事件の約三年前にアパートを家賃滞納で退去後路上生活になり、派遣等で不安定就労をしながら、最終バスが終わった後の午前二時ごろにバス停に現れてベンチに腰掛けたまま眠り、明け方になると立ち去るという生活を続けていましたが、退去を求めた近くに住む男性に撲殺されました。[*6] ホームレスとなった「彼女は私だったかもしれない」と、この事件直後から多くの人々が彼女の殺されたバス停に花を手向けに訪れ、一か月後、一年後の命日には全国から多くの有志が集まって追悼集会も開かれ、映画化もされました。[*7]
全国借地借家人組合連合会は、「コロナ禍前から、低所得者の多くは安定した住居を確保できない、ネットカフェや劣悪なシェアハウスなどで生活する人が増えてい」たこと、その背景に「自己責任で住宅を確保するという新自由主義の住宅政策が長年にわたって続けられ、低家賃で良質で安全な公的住宅が圧倒的に不足していること、低所得者向けの『家賃補助制度』が存在していないこと等」、わが国の住宅困窮の原因を挙げています。[*8] わが国の住宅対策は市場丸投げとされてきたなかで、「賃貸住宅入居者の大半が平均所得以下である」こと、家主すなわち「オーナーの八五パーセントが個人で、その六割が六〇歳以上。中小企業以下の資本力で、事業規模も小さく、かつ事業基盤・経営力も弱い」といった実態が事態をいっそう深刻化させています。[*9] しかし、政府は今もって相変わらず「質の高い住宅等の流通等を図る」「不動産情報の活用」（骨太方針二〇二二）などと住宅対策を市場に担わせる対策の強化しか考えていません。

（2）入居拒否される高齢者

高齢者が賃貸住宅を求める場合、最初にその前に立ちふさがる最大の問題の一つは、高齢者への賃貸に対し、家主の拒否感が強いことです。二〇一五年一二月に（公財）日本賃貸住宅管理協会が管理会社に対して実施したアンケート調査結果（資料1－2－22）によると、高齢者に対して「入居を拒否している賃貸人」の割合は他の世帯に対するよりももっとも高く、高齢者世帯の「入居に拒否感がある賃貸人」の割合でも七割に及んでいます。入居を拒否する主な理由として、「家賃の支払いに対する不安」「居室内での死亡事故等に関する不安」などが挙げられています。

さらに、第二六回賃貸住宅市場景況感調査「日管協短観」（二〇二二年一一月）[*10]においても、前記と同様の不安から、高齢者の入居に拒否感を示すオーナーは全国平均で二三・七パーセント、首都圏で一二・三パーセント、関西圏で五二・九パーセント、首都圏・関西圏を除くその他のエリアでは五六・五パーセントに及びます。さらに全国では八・五パーセント、首都圏では五・五パーセント、関西圏では一五・二パーセント、首都圏・関西圏を除くその他のエリアでは一六・五パーセントが「以前より拒否感が強くなっている」としています。

多くの不動産業者が敬遠する六五歳以上高齢者を対象に賃貸住宅のあっせんを行う「R65不動産」社長山本遼氏によると、六五歳以上（「住宅難民」＝同氏による造語）が入居可能な賃貸物件は、

資料１-２-22　入居拒否・拒否感がある賃貸人の割合

2010年11月調査

〈入居者を拒否している賃貸人の割合〉

	オーナーに占める割合
単身の高齢者	8.0%
高齢者のみの世帯	6.8%
障害者のいる世帯	4.0%
小さい子どものいる世帯	1.3%
母子（父子）世帯	1.3%

〈入居に拒否感がある賃貸人の割合〉

	オーナーに占める割合
高齢者世帯	59.2%
障害者のいる世帯	52.9%
小さい子どものいる世帯	19.8%

※管理会社 158 社から回答
（賃貸人：11 万人・総管理戸数：約 96 万戸）

2015年12月調査

〈入居者を拒否している賃貸人の割合〉

	オーナーに占める割合
単身の高齢者	8.7%
高齢者のみの世帯	4.7%
障害者のいる世帯	2.8%
小さい子どものいる世帯	5.2%
母子（父子）世帯	4.1%

〈入居に拒否感がある賃貸人の割合〉

	オーナーに占める割合
高齢者世帯	70.2%
障害者のいる世帯	74.2%
小さい子どものいる世帯	16.1%

※管理会社 308 社から回答
（賃貸人：27 万人・総管理戸数：約 146 万戸）

〈入居者を拒否している理由〉　※上位４つの回答

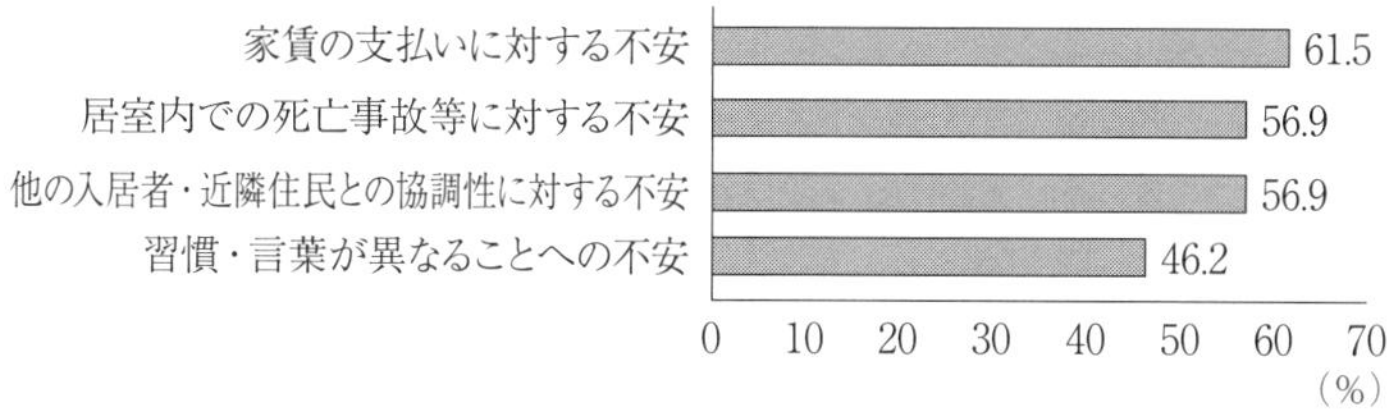

出所：（公財）日本賃貸住宅管理協会による調査（安心居住政策研究会の参考資料）

全体の約五パーセントしかないといいます。[*11]

二〇〇七年に「住宅確保要配慮者に対する賃貸住宅の供給の促進に関する施策を総合的かつ効果的に推進し、もって国民生活の安定向上と社会福祉の増進に寄与することを目的」とする「住宅確保要配慮者に対する賃貸住宅の供給の促進に関する法律」が制定されながら、高齢者の賃貸住宅をめぐる事態は前記のようにさらに悪化しているのが実態です。

最近は借間を求める賃貸単身高齢者が増加しているといわれますが、その際に連帯保証人を確保できない高齢者も多くなっています。しかしそれ以前に、高齢者の場合は生活保護受給者、外国人などの低所得者とともに、家賃債務保証会社の審査で落とされるケースも少なくないとされます。[*12]

このような高齢者を取り巻く状況のもとで、民間借家の三パーセント、四三万世帯が低所得高齢者といわれ[*13]、あっせんされる物件が劣悪であるなど不利な条件に甘んじなければならないことは容易に推察されるところです。

（3）低所得者が多い賃貸住宅居住高齢者

高齢者は持ち家に九八八万世帯、賃貸住宅に二九二万世帯が居住しているとされます（資料1－2－23）。

「令和元年度高齢者の経済生活に関する調査」による高齢者世帯の一か月の収入額（夫婦合計）

資料１-２-23　高齢者の居住状況

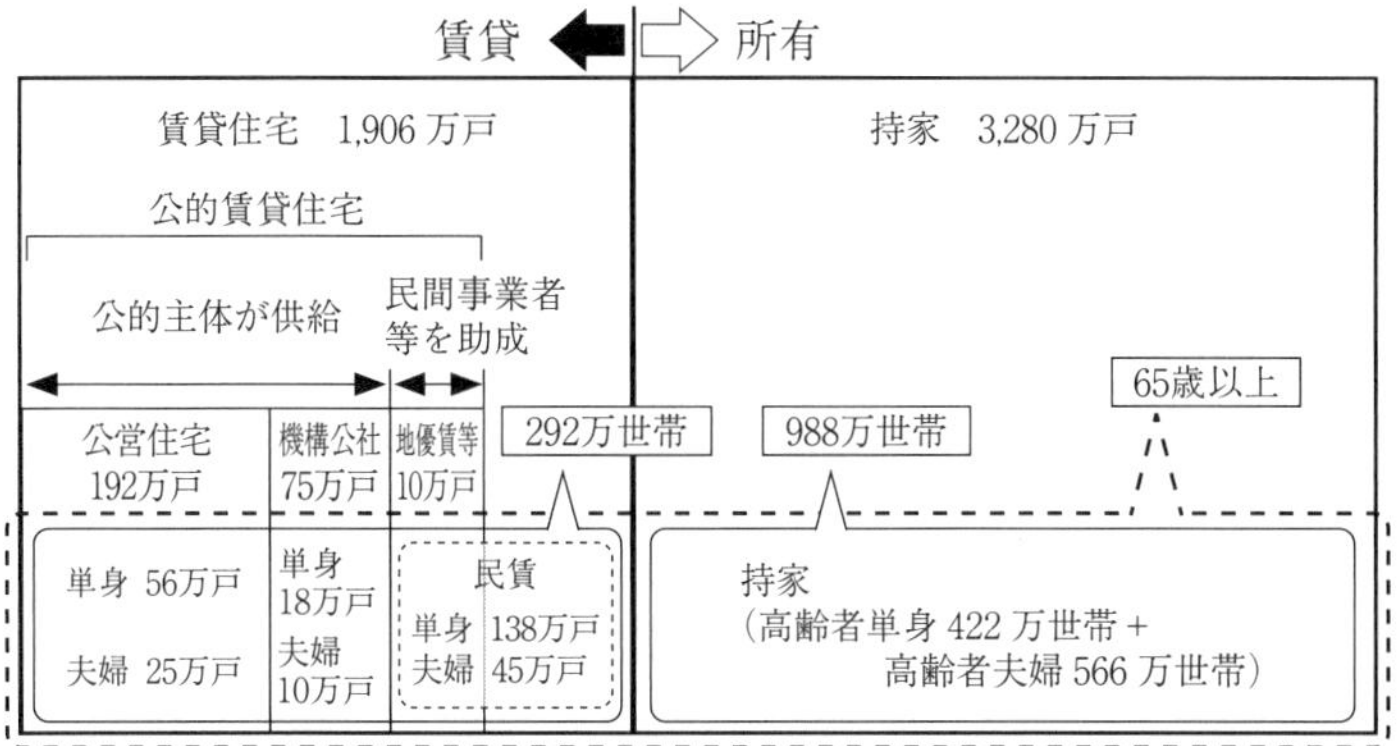

注：地優賃等…特優賃、高優賃等を含む
出所：第６回サービス付き高齢者向け住宅に関する懇談会（2022 年２月 22 日実施）の配布資料

の現状を示しましたが（資料１－２－15参照）、五万円～一〇万円未満が全体で一四・〇パーセントであるのに対し、住宅形態別では賃貸住宅居住者は二三・七パーセント、一〇万円～二〇万円未満は全体で三〇・九パーセントに対し、賃貸住宅居住者は四五・九パーセントで、賃貸住宅居住者は厳しい経済状態に置かれている世帯が多いことがわかります。

　この調査では「預貯金の取り崩し」についても聞いていますが、「よくある」は、全体が一三・五パーセントに対し、賃貸住宅居住者では二一・九パーセントと相対的に高い比率となっています。「経済的な面で不安なこと」への回答として、「収入や貯蓄が少ないため、生活費がまかなえなくなること」を挙げたのは、全体では二五・八パーセントであるのに対し、賃貸住宅居住者では四八・二パーセントと、その約二倍、持ち家ではあるが住宅ローン返済中の居住者では三一・三パーセントとなっています。

資料1-2-24　住宅の種類、住宅の所有の関係別1か月当たり家賃・間代及び1畳当たり家賃・間代

住宅の種類、住宅の所有の関係	1か月当たり家賃・間代（円）			1畳当たり家賃・間代（円）		
	2018年	2013年	増減率（%）	2018年	2013年	増減率（%）
借家総数	55,675	54,040	3.0	3,064	3,040	0.8
専用住宅	55,695	54,052	3.0	3,074	3,051	0.8
公営の借家	23,203	22,394	3.6	1,156	1,120	3.2
都市再生機構（UR）・公社の借家	69,897	67.005	4.3	3,526	3,449	2.2
民営借家（木造）	52,062	51,030	2.0	2,580	2,633	－2.0
民営借家（非木造）	64,041	63,005	1.6	3,832	3,883	－1.3
給与住宅	34,049	30,684	11.0	1,699	1,577	7.7
店舗その他の併用住宅	51,247	51,907	－1.3	1,765	1,827	－3.4

出所：平成30（2018）年住宅・土地統計調査

賃貸住宅居住二九二万世帯のうち、「民間賃貸住宅と公営の借家との家賃水準を比較した場合、面積当たりの家賃額は民間賃貸が約三倍である」*14にもかかわらず、公営借家の極度の不足のため、民間賃貸住宅に単身高齢者一三八万人、高齢者夫婦四五万世帯が居住しています（資料1－2－23）。

平成三〇年住宅・土地統計調査によると、二〇一八年の一か月当たり全国平均の家賃・間代は民間借家（木造）が五万二〇六二円と、公営、公社の借家を除き、もっとも低額であること（資料1－2－24）から、高齢者の多くは、構造上の問題は二の次にして、建築年次が古く、老朽化していても低家賃であることを第一条件に物件を選択せざるを得ません。*15 資料1－2－25に見るように、建築（入居）時期が一九八〇年代建築（入居）の民営借家（木造）であれば畳一畳の単価一九四四円（非木造の場合三一九七円）に対し、二〇一六年～二〇一八年建築（入居）の場合、三三一二円（非木造の場合四一一五

資料1-2-25　建築（入居）時期別の民営借家居住世帯数と家賃単価

（千世帯、円／畳・月）

建築（入居）時期		全国		関東大都市圏		近畿大都市圏	
		世帯数	家賃単価	世帯数	家賃単価	世帯数	家賃単価
木造	1981～1990年建築・入居	41	1,944	11	2,864	4	1,806
	1981～1990年建築・2011～2013年9月入居	117	2,434	44	3,497	7	2,171
	1991～1995年建築・入居	22	2,199	7	3,217	2	1,947
	1996～2000年建築・入居	26	2,239	7	3,218	2	1,864
	2001～2005年建築・入居	29	2,313	7	3,009	3	2,289
	2006～2010年建築・入居	49	2,563	12	3,520	4	2,399
	2011～2015年建築・入居	128	2,952	37	3,939	10	2,946
	2016～2018年建築・入居	124	3,212	36	4,292	9	3,263
非木造	1981～1990年建築・入居	53	3,197	17	4,160	10	3,344
	1981～1990年建築・2011～2013年9月入居	362	3,289	130	4,222	63	3,193
	1991～1995年建築・入居	36	3,330	12	4,345	6	3,458
	1996～2000年建築・入居	57	3,334	18	4.037	10	3,507
	2001～2005年建築・入居	62	3,432	17	4,702	9	3,735
	2006～2010年建築・入居	113	3,954	33	5,274	17	4,774
	2011～2015年建築・入居	296	3,942	101	5,229	42	4,061
	2016～2018年建築・入居	324	4,115	104	5,403	49	4,366

出所：令和4年度住宅経済関連データ（国土交通省、2022年）

資料1-2-26　高齢者の就業率の推移

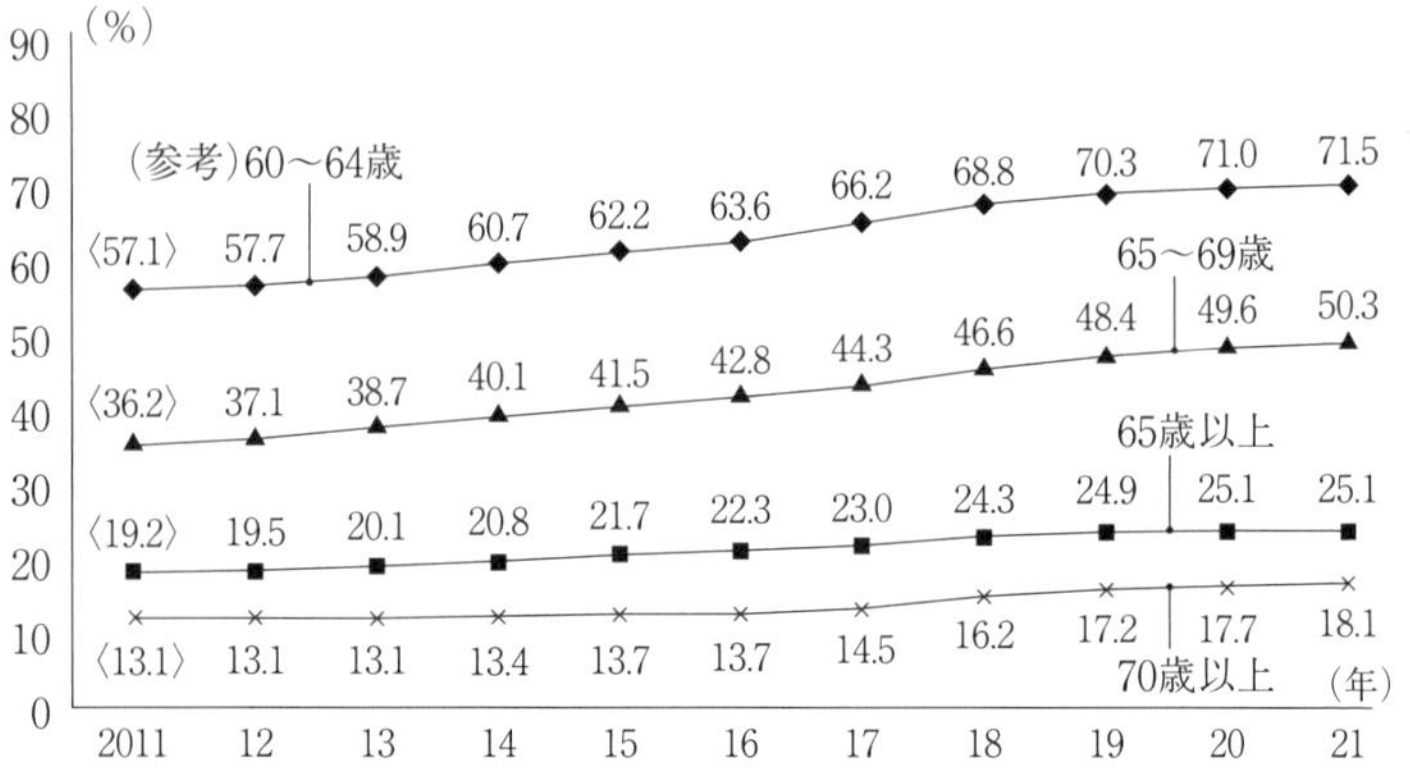

注1：2011年は東日本大震災に伴う補完推計値
注2：男女計
出所：統計トピックスNo.132、統計からみた我が国の高齢者（総務省報道資料、2022年9月18日）

円）と跳ね上がるためです。配偶者との離死別により、それまでの家賃額の支払いが困難になり、転居を余儀なくされてより低質の民間借家に居住する高齢者も多いといわれます。[*16]

五　過酷な高齢者の就労実態

死ぬまで非正規で「生涯現役」？

生活できない年金収入、乏しい貯蓄残高という状況のもとで、高齢者は老いてもなお、働かざるを得ず、高齢者の就業率は近年一貫して上昇しています（資料1-2-26）。まさに高齢者は展望の見えない終着駅に向かって「生涯現役」の線路の上を走り続けることを求められているといえます。

雇用される高齢者五一七万人を雇用形態別に見

資料1-2-27　従業上の地位別高齢就業者及び雇用形態別高齢雇用者の推移

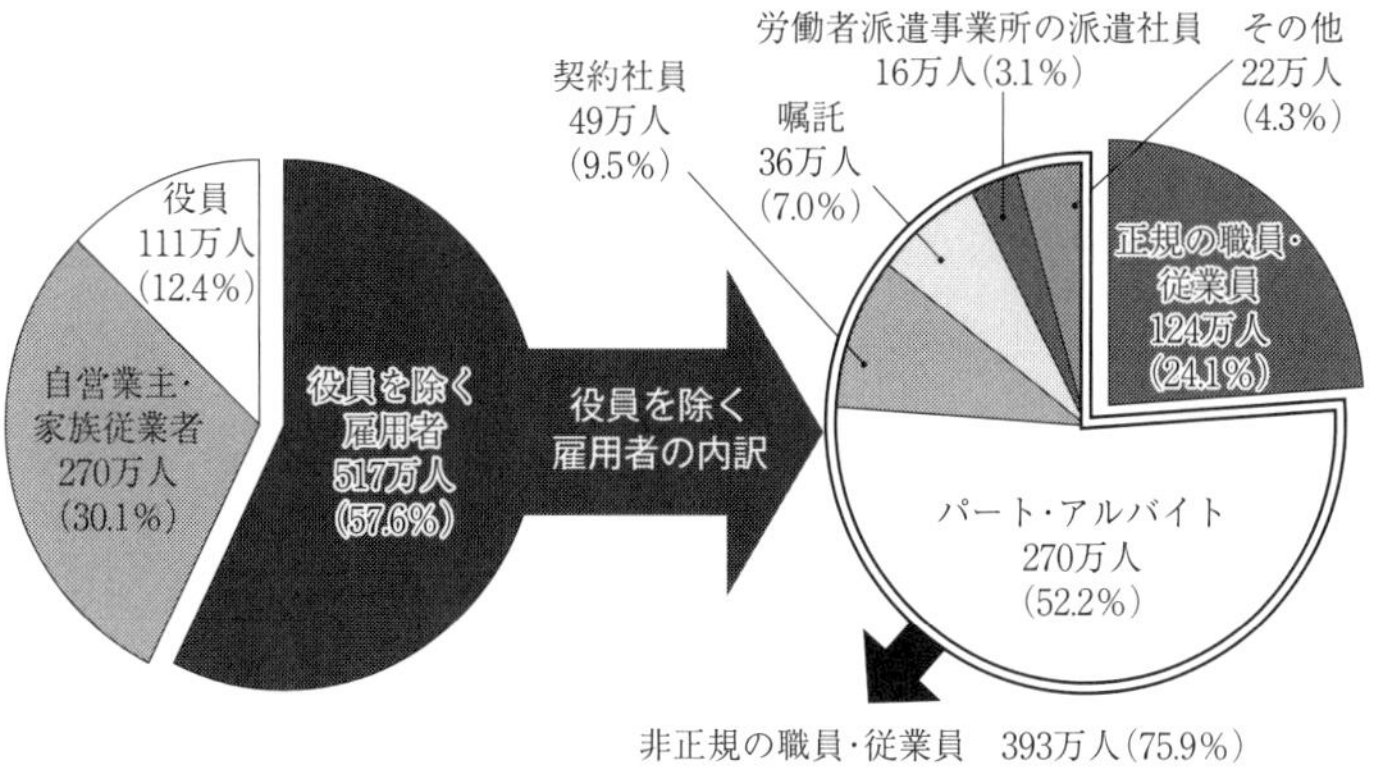

注：割合は内訳の合計に占める割合
出所：資料1-2-26と同じ

ると（資料1-2-27）、低賃金と劣悪な労働条件が社会問題ともなっている非正規の職員・従業員が三九三万人と七五・九パーセントを占めます。さらにこのうちの二七〇万人はパート・アルバイトで働いているにすぎません。

全世代型社会保障構築会議報告書（二〇二二年一二月一六日）は、「超高齢社会にあって、経済社会の支え手となる労働力を確保する必要がある。この点で、女性や高齢者の就労を最大限に促進し、その能力発揮を実現することが必要」とし、「このためには、雇用や働き方に対して歪《ゆが》みをもたらすことのない『中立的』な社会保障制度の構築を進め」る、「女性就労や高齢者就労の制約となっていると指摘される社会保障制度」などと社会保障制度を変質、後退させることによって高齢者、女性が就労せざるを得ない環境に追い込む仕組みの構築を提示しています。

政府・財界は資料1‐2‐28で見るように、高齢者が「七四歳まで働くなら」などと〝前期高齢者のうちは就労させるなら今後も一九九〇年の労働人口を維持できる〟と計算しています。その方向性の実現のために、年金支給額を引き下げ、高齢者が生活のために働かざるを得ない状況に追い込む、しかもその労働条件は劣悪かつ低賃金に据え置く戦略を描いていると疑わざるを得ません。さらには、高齢者の就業率向上が健康保持、医療、介護の需要減につながるとの論調も現れていることに警戒する必要があります。

高齢就労者に用意される劣悪な労働環境

高齢就労者に用意された労働環境がいかに劣悪であるかの典型として、二〇二二年二月一一日深夜に火災で焼失した三幸製菓荒川工場（新潟県村上市）の事件が挙げられます。新聞報道によると、この事件で死亡したいずれも七〇歳前後の女性四人は、同社の非正規雇用（アルバイト）清掃員で、清掃作業は工場の生産ラインが止まった午後九時半から始まり、終了は午前一時、三時と不定期、何よりも火災時に労働者を守る設備もなかったと報道されています。

高齢者が就労現場でいかに危険にさらされているかは、二〇二一年の全就業者の二一パーセントを占める六〇歳以上就業者の労災による死亡が、全労災死亡者八六七人中の三六八人、四二パーセントを占めるというデータからも推察されます。[*17][*18]

一例として、高齢者にとっては過酷な就労現場の典型としてマスコミでも取り上げられる警備員

資料1-2-28　政府が考えている日本の年齢層別人口割合　1868年-2115年

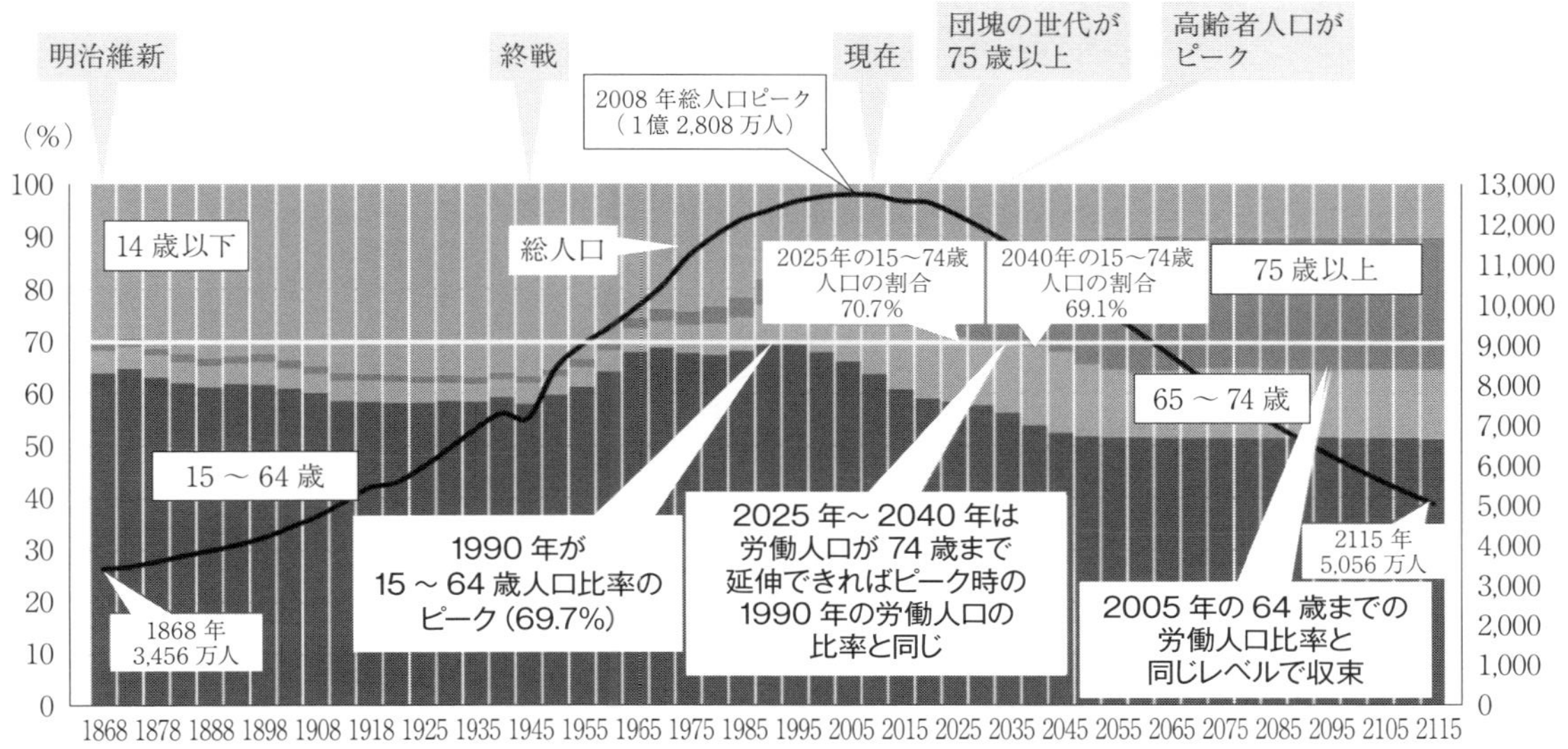

注：長谷川敏彦氏資料、岡崎陽一（1986）「明治大正期における日本人口とその動態」『人口問題研究』178、総務省統計局「国勢調査」、国立社会保障・人口問題研究所「日本の将来推計人口（平成29年推計）」（出生中位（死亡中位）推計）より作成

出所：全世代型社会保障検討会議（2019年11月9日）日本医師会提出資料

資料１－２－29　警備員の年齢別・男女別状況（2021年末）

	30歳未満	30～39歳	40～49歳	50～59歳	60～64歳	65～69歳	70歳以上
警備員（人）	61,918	58,719	89,448	113,631	77,010	83,392	105,820
構成比（％）	10.5	10.0	15.2	19.3	13.1	14.1	17.9
男性警備員（人）	50,496	53,487	82,473	105,759	73,641	80,849	103,421
女性警備員（人）	11,422	5,232	6,975	7,872	3,369	2,543	2,399
女性警備員の割合(%)	18.4	8.9	7.8	6.9	4.4	3.0	2.3

出所：警察庁「令和３年における警備業の概況」

業務が挙げられます。炎天下あるいは酷寒の夜間など厳しい労働環境下で働く警備員業務でありながら、業界は高齢労働者に依存し、「警備業界は、今やシニア人材なしには成り立たない」「高齢者が集まらなければ業務を行えない警備会社もある」[*19]、「『この人、大丈夫か？』と感じるヨレヨレの人でも受け入れてもらえ」て、「年金だけでは生活できない、働かざるを得ない高齢者の受け皿の一つになっている」[*20]ともいわれます。警察庁によると、全国五九万人の警備員のうちの四五パーセントは六〇歳以上であり、七〇歳以上は約一一万人、二割弱を占めるまでになっています（資料１－２－29）。

六　日本で高齢者が生き残る道

生活保護受給でかろうじて餓死をまぬかれる

いま、多くの高齢者は定年制による強制解雇に続き、再度の就労で心身ともに限界点に達したところで、「産業廃棄物」同様に就労の場

資料1-2-30　世帯類型別の生活保護率の年次推移

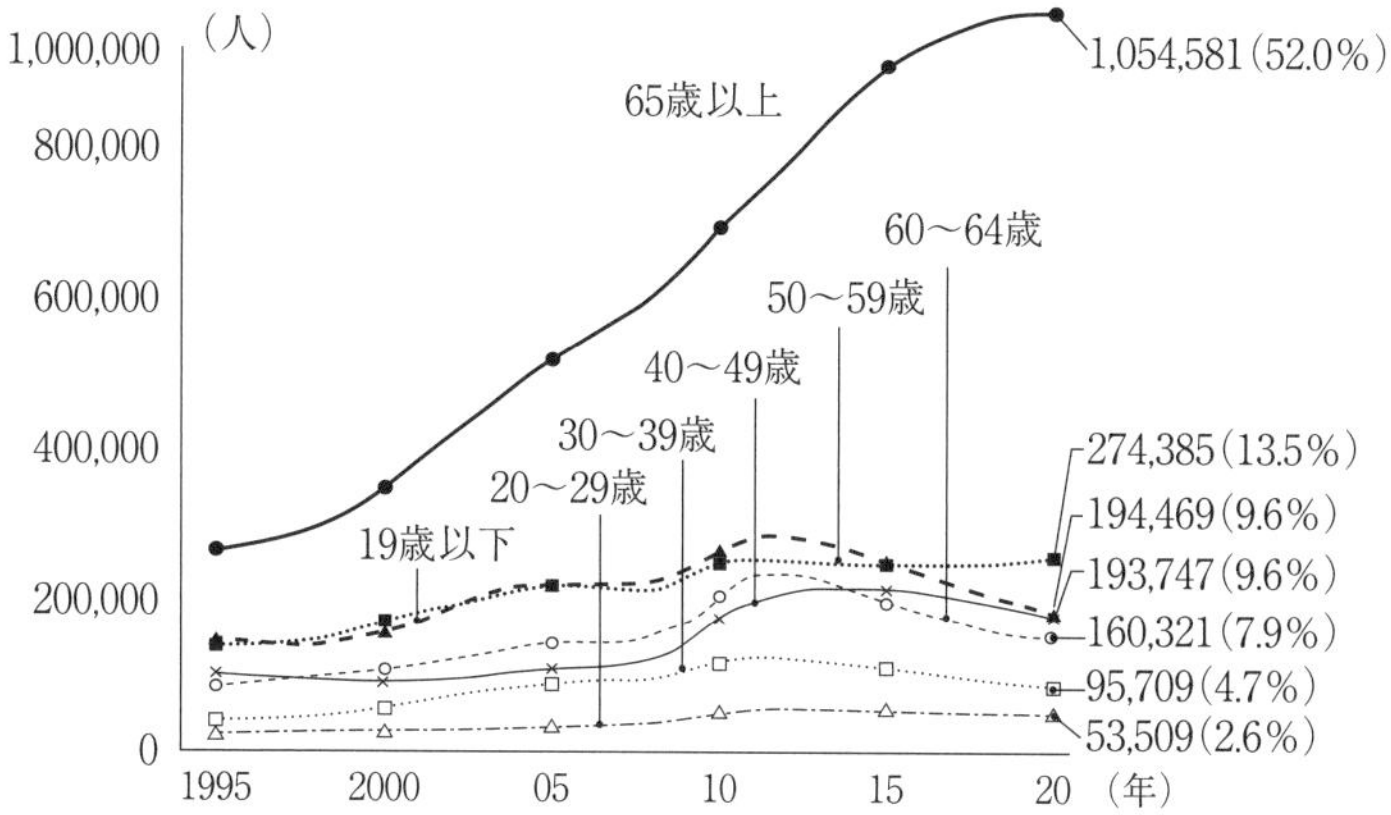

出所：厚生労働省

から解雇されるか、自ら撤退せざるを得なくなるという現実に直面させられています。その後、要介護状態等に陥った高齢者は、高額な自己負担が求められる医療・介護制度利用になけなしの預貯金を引き出しながら息が絶えるまで生き続けざるを得ないことになります。現在の低年金のもとでは多くの高齢者が経済的にも限界点に達し、生活保護を受給せざるを得なくなっています。

資料1－2－30に見るように六五歳以上高齢者の生活保護率は一貫して上昇し続けており、高齢者世帯は生活保護受給世帯類型のなかで過半数を占めるに至っています。このうちで単身高齢者世帯が九割以上を占めており、ここでも単身高齢者の貧困化が際立っています。*21

体力がなくなるとき……

ボーヴォワールは、一九七〇年に書いた『老い』のなかで、老いた労働者に対する社会の対応を告発して次のように書いています。まるで、わが国の現在の高齢者の置かれた立場を言い当てているようです。

「現役でなくなった構成員をどう処遇するかによって、社会はその真の相貌をさらけ出す、すなわち、社会はそれまでもつねに彼らを資材とみなしてきたのだ。社会にとってはただ利得だけが大切なのであり、その『人道主義』なるものはたんなるうわべにすぎないことを白状する」

「体力がなくなるとき、必然的に『廃品』となり、『屑《くず》』となるのだ。それだからこそ、老人たちの悲惨を糊塗《こと》するために提案される救済策はどれもみなあのように取るにたらないのだ」

「彼らに涙金ほどの施しを恵んでやるだけで義務を果たしたと感じるところを見ると、人びとは老人を他の人間たちとは同じ必要も同じ感情ももっていないとみなしているにちがいない」

（シモーヌ・ド・ボーヴォワール著、朝吹三吉訳『老い』人文書院、一九七二年）

七　人口高齢化は人類が達成した最も大きな勝利の一つ

今こそ計画と実行の時

世界各国が第二次世界大戦の惨禍から復興し、世界的に人口高齢化が進行し始めるなかで、国連は一九八二年一二月にウィーンで高齢化に関する世界会議を開催。策定した「高齢化に関する国際行動計画」の中で次のように高齢者が社会にとってかけがえのない存在であることを高らかに宣言しました。*22

「人類は、長い幼年時代と長い高齢期をその特徴とする。このことが、長い歴史を通じて、年長者が若年者を教育し、価値を伝達することを可能としてきた。そして、この役割が人類の生存と進歩をもたらした。高齢者が、家庭、近隣、あらゆる形態の社会生活において存在することは、今なお人間に関するかけがえのない教訓を与えている。高齢者は、単にその生のみならず、まさにその死によって我々全てに教訓を与える。生存者は、悲しみを通して、死者がその労働の成果、後に残した作品や制度、その言葉と行為への思い出によって人類社会に参加し続けていることを理解するようになる。このことは、我々が自分自身の死をより冷静にみつめ、未来の世代に対する責任をより十分に自覚するようになることを促すだろう」（高齢化に関する国際行動計画、一九八二年一二月）。

これ以降も、国連は「高齢者のための国連原則」の策定（一九九一年）、一九九九年を「国際高齢者年」に設定するなど、人口高齢化のなかで各国がその責任において高齢者の人権と尊厳を守る措置を取るよう呼びかけてきました。

「人口高齢化は人類が達成した最も大きな勝利のひとつである」。これは、二〇〇二年四月、スペイン・マドリードで開催された第二回国際連合高齢者問題世界会議において、グロ・ハーレム・ブルントラント世界保健機関事務局長が宣言したメッセージです（世界保健機関、「アクティブ・エイジング――その政策的枠組み」〔Active Ageing: A Policy Framework〕第1章「世界的な高齢化――勝利と課題」の冒頭）。そして、「しばしば無視されることだが、高齢者は私たちの社会の根幹に重要な貢献をする貴重な資源である」「世界保健機関の主張は、高齢市民の健康、参加、安全を増進する『アクティブ・エイジング』の政策とプログラムを政府、国際機関、市民社会が実施すれば各国は高齢化に対応できる、というものである。今こそ計画と実行の時だ」と述べました。

また、国連は二〇二二年一一月二二日、世界の人口が八〇億人に達したことに関してコメントを発表、その中で「『誰一人取り残さない』ことで、私たちは八〇億人すべてが繁栄する世界を迎えることができる」「人類の一つの到達点であり、これは長寿化、貧困の減少、妊産婦と幼児死亡率の低下の成果だ」として、「八〇億人到達の日は、人類にとってのサクセス・ストーリー」であると宣言しています。

ゆたかな〝老い〟を日本で実現するために

紹介した国際的な高齢化に関する諸文書は、まさに「人類の生存と進歩」をもたらす高齢者、その社会的存在の意義が明確に述べられています。

わが国においてはいま、「『社会保障を支えるのは若い世代であり、高齢者は支えられる世代である』という固定観念を払しょく」（全世代型社会保障構築会議報告書、二〇二二年一二月一六日）などと、国の社会保障制度についての責任、役割を勝手に改変し、国民の相互扶助制度に変質させる策動が世代間対立を煽りながら推進されています。

「世界人権宣言にうたわれた基本的で奪うことができない権利が高齢者に完全にかつ制限されることなく認められるという各国の信念を厳粛に再確認し」「生活の質は長寿そのものに劣らぬほど重要であること、それゆえ高齢者は社会の欠くべからざる構成員であると正しく理解されつつ、それぞれの家族や地域社会の中で、可能な限り充実し、健康で、安全で、満足のいく生活を享受することができなければならないということを厳粛に認める」――前述の高齢化に関する国際行動計画の前文[*23]はこう述べています。この考え方がわが国において実現されることを求めて運動を構築していくことが求められています。それは四〇年前のこうした指針が、なぜ現実化していないのか、その間に実施されてきた対策、政策の総括を含めて探究されるべきでしょう。

注

＊1　二〇二一年九月一六日～一〇月二四日に一八歳以上を調査対象に実施。

＊2　資料1－2－5で二〇代が落ち込んでいるのは、有配偶率の影響と考えられるとの説明が付記されている。

＊3　阿部彩「貧困の長期的動向：相対的貧困率から見えてくるもの」科学研究費助成事業（科学研

究費補助金）（基盤研究（B））『貧困学』のフロンティアを構築する研究」報告書（二〇二一年）。
＊4　全日本年金者組合「最低保障年金制度実現への提言」（二〇二一年八月）。
＊5　厚生労働省「ホームレスの実態に関する全国調査」二〇二二年。
＊6　東京新聞朝刊二〇二〇年一二月六日付。
＊7　二〇二二年一〇月には「夜明けまでバス停で」のタイトルで映画化された（東京新聞二〇二一年一一月二三日、二〇二二年二月七日、二〇二二年一〇月六日付）。
＊8　家賃補助制度創設等を求める請願書（二〇二二年）。
＊9　第三回民間賃貸住宅部会（二〇〇九年五月一二日）㈳全国賃貸住宅経営協会発言骨子。
＊10　公益財団法人日本賃貸住宅管理協会日管協総合研究所「賃貸住宅市場景況感調査」（二〇二一年四月〜二〇二二年三月）。
＊11　R65不動産ホームページ。https://r65.info/fp-7822/
＊12　坂東美智子（国立保健医療科学院）「住宅困窮の実態とその要因」『日本住宅白書』二〇一七〜二〇一九、二四ページ。
＊13　国土交通省住宅局社会資本整備審議会・住宅宅地分科会・新たな住宅セーフティネット検討小委員会（二〇一六年七月）参考資料。
＊14　国土交通省住宅局社会資本整備審議会・住宅宅地分科会・新たな住宅セーフティネット検討小委員会（二〇一六年七月）参考資料。なお、本資料では、民間賃貸の家賃が約三倍である理由として、「公営借家の方が築年数が約一〇年古く、交通利便性も比較的低い」ためと説明している。

＊15　会員企業数一九〇〇社、管理戸数約三八〇万戸とする全国賃貸管理ビジネス協会の「契約ベースによる統計につき、一般的な募集賃料ベースの統計よりも、資料は下回って」いるとする「全国家賃動向一二月分」（二〇二二年）は、総平均賃料五万五一六四円としている（二〇二三年一月一三日、https://www.pbn.jp/yachin/date/2022/12/）。
＊16　佐藤由美（奈良県立大学教授）「民間借家における高齢者の居住問題」『日本住宅白書二〇一七〜二〇一九』四四ページ。
＊17　二〇二一年の六〇歳以上就業者は一四七一万人、全就業者六九〇七万人の二一パーセント（総務省「二〇二一年労働力調査」二〇二二年二月）。
＊18　厚生労働省「令和三年労働災害発生状況」二〇二二年五月。
＊19　警備保障タイムズ二〇二一年一月二一付。https://kh-t.jp/thinking/thi-2021jan.html
＊20　朝日新聞ＤＩＧＩＴＡＬ二〇一九年一一月三日付。
＊21　厚生労働省「生活保護の被保護者調査」（毎月分）。
＊22　井上英夫翻訳・解説「資料と解説・国際高齢者年と国際行動計画」日本高齢者運動連絡会（一九九八年五月）。
＊23　22に同じ。

第2章　地域・在宅・施設

――いま知っておかないといけないこと

第1節　介護保険二〇年、施設は「生活の場」になっているのか

井上ひろみ

介護が必要になり自宅で暮らせなくなっても、いざとなれば「施設」に入ろう——そう思っている方は多いのではないでしょうか。

いま、介護が必要な方が入居する「施設」には、様々なものがあります。有料老人ホーム、サービス付き高齢者向け住宅、認知症高齢者のグループホームに入居する場合も、老人保健施設に六か月など期間限定で入所する場合なども、「施設に入居する（または入所する）」と表現するのが一般的です。ただ、経済的な心配がなく入居でき、「終《つい》の棲家《すみか》」として最期まで生活できる施設として認知されてきたのは「特別養護老人ホーム」（以下、特養ホーム）だといえるでしょう。実際に、費用の支払いが困難、要介護度や身体状況の変化、入居期限への不安などを理由に、先に挙げたような「施設」に入居していても、特養ホームに申請する方も多いというのが現場の実感です。

では、特養ホームは、いまも「いざとなれば入れて、入れば安心して生活できる」施設といえる

のでしょうか。本節では、特養ホームの「いま」を紹介し、施設が安心して介護を受けながら生活し続けられる場所となるには何が必要か、を考えていきたいと思います。

一　特別養護老人ホームの「いま」

(1) 入所をめぐって

特養ホームの二つの顔

特養ホームは、老人福祉法による「老人福祉施設」として認可された施設です。すなわち、財源は公的責任によって保障され、低所得者・生活困窮者を支えるという公的機能が特徴です。また、特養ホームは、介護保険法による指定申請を行い、都道府県によって介護保険施設としての指定を受けています。したがって、特養ホームは老人福祉法上の顔と介護保険法上の顔を持っていることになります。

現実には、介護保険法による入所が優先されています。実際に、特養ホームへの入所は介護保険法による契約入所がほぼ一〇〇パーセントの状況であり、老人福祉法上の施設でありながら、介護保険制度の仕組みや介護報酬によってその運営が成り立っているといえます。老人福祉法による入所＝措置入所は、「やむを得ない事由」により介護保険法上による入所＝契約入所が著しく困難であると認めたとき、とされています。この問題点が、いま、どのように現れているでしょうか。

「要介護」でも特養ホームに入れない

介護保険制度開始から二〇一四年度まで、特養ホームの入所対象は要介護認定で要介護一～五の認定を受けた方でした。しかし、二〇一五年四月からは「限られた資源の中で」「居宅での生活が困難な中重度の要介護高齢者を支える施設としての機能に重点化を図る」として、入所対象者が原則要介護三以上に限定されました。要介護一、二の方は「特例入所」の要件に該当した場合のみ入所対象となりました（資料2－1－1）。二〇一七年に「申込者側から特例入所の要件に該当している旨の申し立てがある場合には、入所申込みを受け付けない取り扱いは認めないこととする」という入所に関する指針の改定が行われています。

しかし、「二一世紀・老人福祉の向上をめざす施設連絡会」（高齢者の人権と人格の尊重を第一義とし、公的福祉の確立、老人福祉の向上をめざす福祉施設関係者や個人からなる団体。以下、「21・老福連」と略記）が二〇二二年八月に行った「全国老人ホーム施設長アンケート」（有効回答数一七一八件）では、特養ホーム対象が原則要介護三以上となった二〇一五年以降、要介護一、二の方の申し込みが「以前より減った」と回答した施設が五六パーセントもあり、さらには「要介護一、二の申し込

資料2-1-1　特養ホームの入所判定対象者の選定

> 入所判定の対象となる者は、入所申込者のうち、要介護3から要介護5までの要介護者及び、居宅において日常生活を営むことが困難なことについてやむを得ない事由があることによる要介護1又は2の方の特例的な施設への入所（以下「特例入所」という。）が認められる者とすること。要介護1又は2の方の入所申込みまでの手続きについては、以下のとおりとすること。
> （1）特例入所の対象者について
> 特例入所の要件に該当することの判定に際しては、居宅において日常生活を営むことが困難なことについてやむを得ない事由があることに関し、以下の事情を考慮すること。
> ①認知症である者であって、日常生活に支障を来すような症状・行動や意思疎通の困難さが頻繁に見られること
> ②知的障害・精神障害等を伴い、日常生活に支障を来すような症状・行動や意思疎通の困難さ等が頻繁に見られること
> ③家族等による深刻な虐待が疑われること等により、心身の安全・安心の確保が困難であること
> ④単身世帯である、同居家族が高齢又は病弱である等により家族等による支援が期待できず、かつ、地域での介護サービスや生活支援の供給が不十分であること

出所：「指定介護老人福祉施設等の入所に関する指針について（2014年老高発1212第1号厚生労働省老健局高齢者支援課長通知）」（2017年3月29日一部改正）より抜粋

み は受け付けていない」と答えた施設が一九パーセントに上りました。アンケートでは要介護一、二の方の特養ホームへの入所が申請の時点で「門前払い」されている実態が明らかとなっています（資料2-1-2）。「自治体で特例（入所）を受理しない」といった回答も複数見られます。

資料2－1－2　特養入居が原則要介護3以上となった2015年改定以降、要介護1・2の方の入居申し込みに変化があったかどうか

回答項目	回答数
①以前より増えた	39
②以前と変わらない	303
③以前より減った	965
④要介護1・2の方の申し込みは受け付けていない	325
⑤わからない	60
⑥その他	26
有効回答数	1718

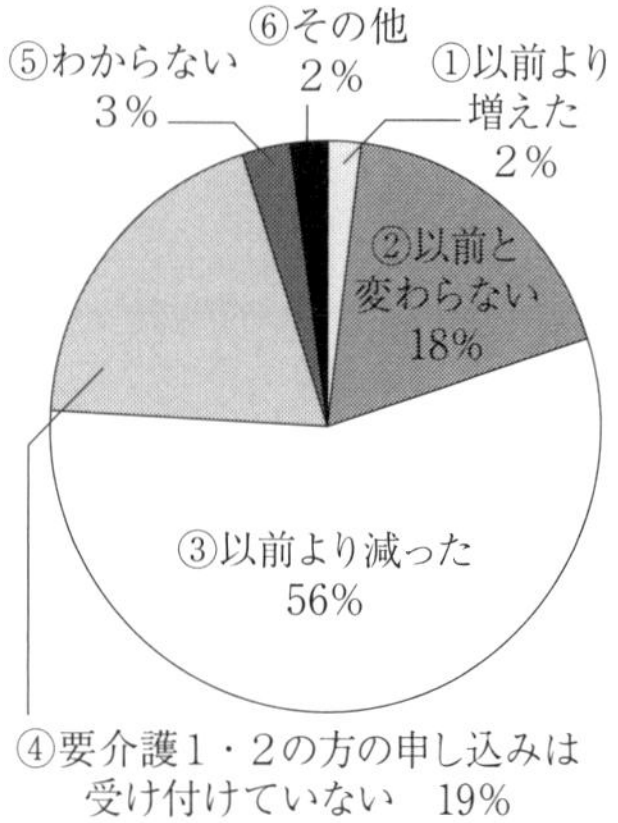

出所：21・老福連「全国老人ホーム施設長アンケート結果（速報版）」2022年11月

要介護三でも入所への遠い道のり

では、要介護三以上であれば入居は叶《かな》うかというと、そう簡単ではありません。特養ホームに入所するまでには、まだ高いハードルがあります。

以下は、地域によって多少異なるものの、特養ホーム入所までの過程を示しています。

①要介護認定で要介護三以上又は要介護一、二で「特例入所」（資料2－1－1参照）の対象者である。

②本人や介護者、ケアマネジャーが入所申請をする。

③施設の「入所検討委員会」で入所申請者の中から「優先入所対象」と判定される。

④施設に空床ができたときに、入所面接が行われ入所可能と判断される。

⑤本人や介護者の入所したいタイミングと施設の入所してほしいタイミングがあう。

「急に介護が必要になって途方に暮れている」「いままさに介護で共倒れになりそうだ」という人には気の遠くなるような道のりです。加えて、介護保険料を滞納していないこと、そして利用者負担一～三割を含む施設利用料を支払えることも必要となります。

もう一つの理由は、介護報酬の「加算」によって、要介護四、五の方の入所受け入れが誘導されていることです。特養ホームで介護報酬の加算を得るには、過去六か月～一年の新規入所者のうち、要介護度四、五の方の割合が七〇パーセント以上であることが算定の要件の一つとなっている場合があります。その他にも要件はありますが、五〇床の特養ホームの場合、この加算を算定するかしないかで年間の収入が六〇〇万～八〇〇万円も変わるため、施設が要介護四、五の方の入所決定を優先する動機になっているのが実情です。これも、要介護一、二の方はもとより要介護三の方の入所も難しくしている理由といえます。

（2）特養ホームの施設利用料

施設利用料の仕組み

何とか入所への長い道のりを乗り越え、無事入所にたどり着ければ、最期まで特養ホームで安心して暮らし続けられるのでしょうか。悲しいことに、そうはいかなくなっているのが特養ホームの

「いま」なのです。

ここで特養ホームの施設利用料について少し説明しましょう。特養ホームに入所すると大きく分けて三種類の費用負担が必要になります。

①施設サービス利用にかかる利用者負担…施設利用額の一〜三割が利用者負担となり、介護保険から残り九〜七割が給付されます。特養ホームの種類や居室の種類、加算の有無、地域によって負担額が異なります。

②食費と居住費…食費は食材料と調理費として負担します。居住費は個室や多床室の室料と光熱水費として負担します。

③その他の利用料…①②以外の費用で、施設によって異なります（理美容費、日用品・嗜好《しこう》品費など）。

これら①②③の費用を合計した額の請求が施設からあり、入居者や家族は月単位で施設に支払います。実際の費用の額は、地域・特養ホームの種類（従来型かユニット型か）・居室種類（多床室か個室か）・三〇種類以上の加算を取っているかいないかなどで大きく異なります。

①の施設サービス利用にかかる利用者負担は、介護保険開始時は全ての利用者が一割負担でしたが、「支払い能力のある高齢者には応能の負担を」と二〇一五年には二割負担、二〇一八年には三割負担が導入されました。

さらに、施設利用料の自己負担上限額を超えた場合に申請によって払い戻しされる「高額介護サービス費」の上限が、二〇二一年に医療保険の負担に合わせる形で大幅に引き上げられました。この改定によって、課税年金収入が二八〇万円を超える方の①の施設サービス利用料部分が月四万四四〇〇円から二倍以上に増え「支払えない」と悲鳴が上がっています。

食費・居住費負担の変遷

施設利用料のなかで、広範囲のしかも低所得の方に対して重くのしかかっているのが、②の食費と居住費の利用者負担です。

介護保険開始時には、食費・居住費は、①の施設サービス利用にかかる利用者負担に含まれていました。介護保険制度のもとであっても、特養ホームは所得にかかわらず食や住まいを含めた生活の基礎部分を保障する社会福祉施設ですから、これは至極当然のことでした。けれど二〇〇五年一〇月の制度改定で、食費・居住費が介護給付から外され、原則利用者負担となりました。理由は、自宅で暮らす要介護高齢者は、食費や家賃を介護費用とは別に払っているから、というものです。「低所得者に配慮する」として、当時の特養ホーム入居者の八割が対象となる負担減額制度「特定入所者介護サービス費（補足給付）」が同時に開始されました。入居者のほとんどが減額対象という全く道理のない食費・居住費負担の導入は、社会福祉施設の根幹を揺るがす重大な制度改悪でした。さらに「補足給付」は、二〇一五年から立て続けに対象範囲が限定されていきます。

①二〇一五年八月改定

預貯金要件の導入…単身で一〇〇〇万円、夫婦で二〇〇〇万円を超える預貯金がある場合は、低所得であっても「補足給付」対象外に。

配偶者所得の勘案…施設入所に際しては世帯分離が行われることが多いが、世帯分離後であっても、配偶者が課税されている場合は「補足給付」対象外に。

②二〇一六年八月改定

非課税年金も収入認定…収入認定の対象外であった非課税年金（遺族年金・障害年金）も収入と判断し、「補足給付」の対象範囲を縮小。

③二〇二一年八月改定

所得区分を細分化…世帯全員が市民税非課税で本人の年金収入等が八〇万円超である「第三段階」が、年金収入等八〇万円超で一二〇万円以下の「第三段階①」と、年金収入等一二〇万円超の「第三段階②」に細分化され、「第三段階②」の食費負担が月二万円以上増加。

預貯金要件の変更…単身で五〇〇～六五〇万円を超える預貯金がある場合は、低所得であっても「補足給付」対象外に（二〇一六年改定をさらに厳格化）。

支払い困難で退所、入所をあきらめる例も

21・老福連の「全国老人ホーム施設長アンケート」（二〇一九年）では、二〇一五年以降の改定によって「支払い困難」を理由に特養ホームを退所した事例があると回答した施設が、一一三に上り

資料2-1-3　施設利用料の改定で「支払い困難」を理由に退所された事例があるかどうか

回答項目	回答数
①ある	113
②ない	1943
有効回答数	2056

※①あると答えた方の理由について

回答項目	回答数
①補足給付の要件が変わったから	26
②その他	41
有効回答数	67

出所：21・老福連「全国老人ホーム施設長アンケート結果（速報版）」2020年2月

ました（資料2－1－3）。また、「退所には至っていないが、未納・滞納者が増えた」「補足給付が夫婦で勘案されるようになったので入所をあきらめた」という実態も明らかになりました。

また、二〇二一年九～一〇月に全日本民主医療機関連合会が行った調査（有効回答数一七八九人）では、同年の補足給付改定の影響について、資産要件の変更によって補足給付対象外となった人が一四パーセント、所得段階の細分化によって食費引き上げの対象となった人が四割強に及ぶことがわかっています。

特養ホームが、支払いが困難であるために退所したり入所をあきらめたりしなくてはならない施設であっていいのでしょうか。在宅生活が困難になった介護が必要な方、とりわけ低所得の方は、いったいどこに安心できる「終の棲家」を求めればいいのでしょうか。

（3）特養ホーム運営の「いま」

「加算」なしには経営が成り立たない特養ホーム

次に特養ホーム運営の側面から「いま」を見てみましょう。先に述べたように、特養ホームは、介護報酬と利用者負担を主な収入として運営しています。介護報酬はサービスの内容や要介護度ごとに定められており、主に施設サービス利用の本体である「基本報酬」と、サービス内容や職員配置・資格者の割合などによる「加算」で構成されています。

二〇二〇年度に福祉医療機構（福祉・医療施設の設置や経営に関わる独立行政法人）が行った調査では、従来型特養ホームの三五・二パーセント（有効回答数一八六四件）、ユニット型特養ホームの二九パーセント（有効回答数三一八六件）が赤字でした。その大きな要因は介護報酬の本体「基本報酬」の減額によるものであり、特養ホームは収入減を補うためにいかに「加算」を取るかに頭を悩ませています。

「加算」には、介護福祉士等の資格者数や認知症の方への専門的ケアなど、入居者の生活の質やケアの質向上に結びつくものもあります。しかし、先に挙げた要介護四、五の方の入所割合を要件とするものをはじめ、自立支援促進、退所支援、ロボット活用など「国の政策に誘導する加算」がこの数年増えています。職員の賃金等処遇改善の財源さえも、加算によって確保することが求められています。

特養ホームは、何とか経営を成り立たせて職員処遇改善をするために加算取得に奔走し、加算取得することで国の政策意図に沿った施設運営や利用者選択に向かわされているといえるのです。

本節「特養ホームの施設利用料」の項で述べたように、介護保険制度では、施設利用額の一〜三割が利用者負担となり、施設には介護保険から七〜九割が給付されます。ですから、特養ホームが加算を取得したり、基本報酬のアップを要望したりすれば、利用者負担や保険料に跳ね返ります。介護報酬の改定内容や入居する特養ホームの運営方針・加算取得状況は、入居者の負担や生活に直結しています。施設利用料が増えるからといって、一旦入居した施設から簡単には生活場所を移せない入居者や家族は、制度と施設の動向をひやひやしながら見守るしかない状況に置かれているのです。

特養ホームで働く福祉・介護労働者の「いま」

特養ホームで働く福祉・介護労働者が置かれている現状に目を移してみましょう。特養ホームの運営基準では、看護・介護職員の人員配置の最低基準は三対一（入居者三人に対して職員一人の配置）です。しかし、厚生労働省の介護事業所経営実態調査によると、特養ホームにおける平均的な看護・介護職員配置は二対一という実態です。入居者一〇〇人の特養ホームの場合、看護職員・介護職員が計五〇人配置されていることになります。

資料2-1-4　ある特養ホームでの勤務シフト

Aフロア 入居者24名（平均要介護度4.1）			
介護職員の配置	正職員8名、非常勤職員3名		
入居者：職員	2.4：1		
勤務シフト	1日の勤務者	7:00～16:00	2名
		10:00～19:00	1名
		12:00～21:00	1名
		13:00～22:00	1名
		22:00～翌7:00	1名
		夜勤明け	1名
		公休	1～2名
時間帯による入居者：職員			
最も多い時間帯	13:00～15:00 入居者24名：職員4名 職員は5名（但し、うち2名が1時間ずつ休憩） 残る職員2名は入浴介助。2名で排泄介助、おやつの介助、見守り		
最も少ない時間帯	22:00～翌7:00 入居者24名：職員1名		

実際に特養ホームで働く労働者の実態はどのようなものでしょう。私が勤務する法人の特養ホームでは入居者一三六人（特養一一六人、ショートステイ二〇人）に対して、看護・介護職員は常勤換算で七一・九人（実人数七八人、看護職員八人、介護職員七〇人）ですので、全体では一・八九対一です。看護職員は主に健康管理や診察補助、処置などを行っており、日常生活上の介護は介護職員が交代で行うため、介護職員に限れば、二・一対一の配置です。六つのフロアに分かれており、フロアの特徴によって職員の配置に差がありますが、例えばAフロアでは入居

者二四人に対し職員は常勤換算で九・九五人（正職員八人、非常勤三人）ですので二・四対一となります（資料2－1－4）。

資料2－1－4のように、職員はシフト勤務で二四時間三六五日の支援を行っていますので、常に二・四対一の職員がいるわけではありません。夜勤時間帯は二四対一、日勤の一番職員が多い時間帯でも六対一です。職員が多い時間帯に入浴介助を職員二名が行いますので、その間は入浴以外の二十数人の排泄《はいせつ》介助やおやつの介助、見守りや要望への対応を二人で行います。認知症の方や転倒されるリスクの高い方等目が離せない方も多く、ベッドや椅子から立ち上がられた際に知らせるセンサーなどを活用しても、職員は常に走り回っているというのが現状です。

最低基準より多い配置をしていても、基本的な生活への支援が精一杯というのが現場の実態です。そのような中でも、シフト調整や他職種との連携で季節行事を行い、非常勤職員がいる時間帯に担当の入居者とのコミュニケーションをとるなどの工夫をして、入居者の暮らしを少しでも豊かにしようと奮闘しています。

科学的介護やICT・ロボット活用が介護現場にもたらすもの

二〇二一年度の介護保険制度・報酬改定において、「科学的介護情報システム（Long-term care Information system For Evidence）」略称「ＬＩＦＥ」が導入されました。介護関連のデータベースによって全国の介護事業所から情報を収集・分析し、介護現場へのフィードバックを通じて、科学的な裏付けに基づく介護の普及・実践を行うというものです。

21・老福連の「全国老人ホーム施設長アンケート」（二〇二二年八月）では、「LIFE」が利用者・職員・事業者にとって効果や意義があると「感じる」との回答はわずか三～四パーセント、「やや感じる」を含めても二〇パーセント足らずでした。実際に「LIFE」を算定している施設ほど効果や意義を感じられず、特に利用者負担を伴う利用者への効果や意義が最も低いという事実が明らかになりました。少なくとも現時点での「LIFE」は、誰のための「科学的介護」なのか疑問をもたざるを得ません。

また介護人材不足への対策として、介護現場でのロボット・テクノロジー活用を推進する厚生労働省は、二〇二二年度に、テクノロジーの活用によって介護付き有料老人ホームの人員配置基準三対一（入居者三人に対して職員一人の配置）を、四対一に緩和するための実証実験を行うとしています。

先に述べた特養ホームで働く労働者の実態を見るならば、福祉・介護労働者の負担軽減やケアの質の向上、入居者の生活の質の向上のために、情報分析システムやテクノロジーを活用することには大いに賛成です。けれどその有効な活用は、入居者の生活歴や培われた価値観、変化し続ける心身の状態、時々の心のありように沿った働きかけや介護方法を、入居者本人とのコミュニケーションの中で導き出せる専門職が十分に配置されてこそ行えるものです。介護関連データから導き出された標準的なケアが行えればよい、人の代わりにロボットが見回ればよい、排泄介助のタイミングはセンサーに任せればよいという介護を行っていては、この専門性は育ちません。専門性の育ちを阻害された上に、ロボットやセンサーがあるからと人員配置が減らされた施設に入居する側はたまったものではありません。

まさに「テクノロジー活用と人員配置基準がセットになっているようだが、その前にケアの本質を見据えた検証を行うべき」（二〇二二年二月七日、厚生労働省社会保障審議会介護給付費分科会での委員の発言）という指摘のとおりです。

二　特養ホームが本来の役割を果たすために

特養ホームの「いま」をここまで述べてきました。「いざという時に入れず、入居できても費用負担の心配がつきまとい、経営困難や人手不足、ケアの質など不安だらけの特養ホームに希望はあるのか？」と思われたかもしれません。

では、特養ホームはもう「終の棲家」にはなり得ないのでしょうか。どのように変われば、安心して介護を受けながら生活し続けられる場所となるのでしょうか。

（1） 特養ホームを変貌させたもの

特養ホームは「身体上又は精神上著しい障害があるために常時の介護を必要とし、かつ、居宅においてこれを受けることが困難」な人の生活全般を支援する社会福祉施設です。介護保険制度における要介護度は「介護の必要量を判断するもの」であり、生活の困難さを示す指標の一つではありますが、その全てではないのです。要介護度や認知症自立度だけでは測れない生活や介護の困難さがあることは、福祉・介護の現場にいる人は誰もが知っています。

介護保険制度が家族介護を前提とした制度となっている今日、家族の状況による生活や介護の困難さも増えています。要介護一、二の方で「特例入所」に該当しなくても、生活や介護に困難があれば老人福祉法による措置入所が可能であるはずです。経済的困難さもその一つであり、施設利用料が払えないことを理由に入所できない、申し込みをあきらめるなどということは、本来はよもやあってはならないことなのです。

また、介護が必要であっても、居宅での介護が困難であっても、経済的困窮にあっても、人間らしくその人らしく生きる権利を保障するのが社会福祉施設です。その運営は、運営・経営面でも、支援を担う職員配置の面でも、安定性が保たれることが必要です。収入に結びつく入所者や加算をいかに確保するか、職員をいかに減らして赤字運営から脱却するかばかりを気にしなければならない収入構造では、社会福祉施設としての役割は到底果たせません。

施設関係者が決してそれを望んでいないにもかかわらず、特養ホームがこのような現状に置かれているのは、介護保険制度によって社会福祉施設から介護保険施設へ変貌させられてきたからです。制度創設から二〇年以上にわたっての度重なる制度改定は、国による「老人福祉法による老人福祉施設はもう必要ない」というメッセージにほかなりません。すなわち、重度の方の介護だけを介護保険制度で担い、住まい・食事・生活支援・軽介護者の介護は自費負担を原則とする、高齢者の総合的な生活支援の専門性を否定し、情報分析システムやテクノロジーで極限まで人員配置を削減する、というメッセージです。

特養ホームがその本来の役割を果たすためには、「老人福祉施設はいらない」のメッセージに対抗していくことがどうしても必要なのです。

(2) 老人福祉法に位置付けられた役割こそ

特養ホームがその本来の役割を果たすには、老人福祉法に位置付けられた役割を果たせるよう転換していくことが重要です。先に挙げた「全国老人ホーム施設長アンケート」には、地域によっては要介護三以上の待機者が少ないため、要介護一、二の「特例入所」が増えたという回答も寄せられました。特養ホームが、地域の実情に応じた役割を果たすうえでも、「原則要介護三以上」の入居要件は実態に即しません。何よりもまず、特養ホームの入所対象を要介護一に戻すこと、補足給付の対象範囲を抜本的に見直すことが、特養ホームがその本来の役割を果たす施設となるための第一歩です。そして、介護保険制度の下であっても、経済的困窮や居宅での日常生活に困難がある場合には、速やかに老人福祉法による特養ホームへの入所措置がとられるよう、市区町村に求め続けていくことも重要です。

また、入所者数や要介護度によって収入が不安定になる、加算を取らなければ運営できないという介護報酬の仕組みを改め、人件費や施設運営の基礎的経費は固定的収入となるように変えていくことも必要です。そうして初めて、災害時や感染症蔓延《まんえん》時でも国民生活と介護を支えるインフラとして機能することができます。

人員配置の基準は、情報システムやテクノロジーを職員の負担軽減のために活用するとしても、入居者の健康で文化的な、一人ひとりの願いに沿う専門的なケアを可能とする職員数、かつ職員が人間らしく働ける労働環境を前提に定められる必要があります。そのためには、特養ホームの望ましい職員配置、労働基準法を順守した勤務シフトや勤務時間についての研究や、現場からの発信を強める必要も感じています。

三　現場労働者の存在

福祉・介護施設・事業所の運営に苦悩する毎日ではありますが、確かな希望もあります。介護保険制度の下でも、いかに制度が変えられようとも、特養ホームの現場で入居者の権利保障と暮らしの質の向上のために、専門性を磨き、よりよい支援への努力を積み重ねてきた現場労働者の存在です。社会福祉施設としての役割と入居者のその人らしさを尊重するケアの追求、働き続けられる職場づくりなど、実践を行えば行うほど明らかとなる制度や労働環境との矛盾に目をむけ、現場の仲間とともに、制度変革の力に変えていきたいと思います。

第2節 「制度の狭間」問題にみる行政不在の実態
――地域包括支援センターの支援の現状から

石田史樹

今日の地域福祉においては、いわゆる「制度の狭間《はざま》」問題が一つの焦点となっています。「制度の狭間」問題とは、現存の介護保険制度や障害者総合福祉法などのように「年齢」や「所得」、「障害者手帳」等の属性にあてはめる支援制度から排除された人々および、その問題を示しています。認知症による「徘徊《はいかい》」「訪問拒否」「八〇五〇問題」（八〇代の親が五〇代のひきこもる子どもと同居し社会的孤立が深まる状況）「ゴミ屋敷」「孤独死」等、総じて、社会制度から切り離され、地域からもその社会的存在が潜在化し、生存権そのものが保障され得ない要介護者が存在しています。大切なことは、これらの問題は決して特別な問題ではなく、増大の一途を辿《たど》っていることです。例えば、満四〇歳から満六四歳までの「ひきこもり」者の実数は六一万人を超えるという結果が出されています（内閣府「平成三〇年度生活状況に関する調査」）。「親子が、親の少ない年金で生活している」「親が要介護で子どもが精神疾患を患っている」、そういった不安定な生活はちょっとしたアクシデントから崩壊し、虐待など深刻な問題に発展してしまいます。私たち地域包括支援センターの職員は、こうした「制度の狭間」にある人々の支援を日々、実践しています。

こうした地域の現状に対して、政府はどう考え、どう取り組もうとしているか、事前に確認しておきたいと思います。政府は「地域共生社会」を標榜《ひょうぼう》し、「世代や分野を超えてつながることで、住民一人ひとりの暮らしと生きがい、地域をともに創っていく社会」の実現を目指しています。現実はどうでしょうか。すでに二〇一〇年には、東京都足立区で一一一歳の高齢者が白骨化した状態で発見され、「消えた高齢者問題」がクローズアップされました。また、NHKが二〇一〇年に放映した「無縁社会～〝無縁死〟三万二〇〇〇人の衝撃～」では、市区町村が行政的対応として火葬・埋葬を行った件数が年間三万二〇〇〇件にも及ぶという事実が明らかになりました。これらの報道は「八〇五〇問題」や「孤独死」が誰にでも起こりうる問題であり、社会によって解決が求められる「社会問題」であると認識する契機を与えてくれたのではないでしょうか。それにもかかわらず、今もって政府の地域福祉の論点におかれているのは「家族の絆《きずな》」や「地域のつながり」の在り方であり、自助と住民の相互扶助を再構築していくことなのです。

地域包括支援センターの職員として働く私は、「制度の狭間」問題と直面する機会が多く、その支援を通して行政のバックアップの相次ぐ後退、地域や家族への依存を日々、経験しています。本節ではまず事例をあげ、そうした「狭間」に置かれた人々の現状を述べていきます。次に、その地域支援の中核たる地域包括支援センターで働く労働者の労働条件が後退しており、事実上の行政不在と、他方における地域での共同性の脆弱《ぜいじゃく》化という状態にあることを述べます。そして、今後の展望として自治体の公共性を取り戻し、住民を主体とした人間復権の地域社会を再生していくために、どのような住民運動と社会福祉労働者の運動があらためて構築されないといけないのか、その原点が問われていることを述べて次のソーシャルワーク実践を強調します。すなわち、老人福祉法第四〇条の四第一項及び第一一条第一項第二号の規定の積極的活用、その行政への粘り強いソーシャルアクションです。

一　事例で見る高齢者の現実

(1)「援助拒否」——制度の対象から外れる人々

八〇代、男性、独居、生活保護受給。Nさんとの関わりは区役所のケースワーカーからの依頼の電話から始まりました。訪問すると、部屋は人一人が通れるスペースしか確保されておらず、汚れた衣服やゴミが山積していました。机には食べかけのご飯が放置してあり、残飯やゴミにコバエがたかっています。

浴室は、数年にわたり一度も掃除されていないのではないかというぐらい水垢《みずあか》とゴミで劣悪な状況でした。本人からは異臭がありました。食事について尋ねると、一日一食で、その他はビールとポテトチップを食べていると言います。役所の記録によると、高血圧の既往で五年前に受診歴があるが、以降は自己判断で受診していないということでした。

介護保険サービスの利用が適当であることは客観的に見て明らかでした。また、高血圧の既往歴があるにもかかわらず受診が中断されており、食生活も乱れている状況で、命にかかわる状態でした。しかし、本人にサービスの利用を勧めても「いいです、大丈夫です」と答えるだけでした。それればかりか、訪問してもドアを開けていただけない時もありました。支援者としては、定期的なかかわりを持ち、関係性を構築することが第一に求められるケースです。一緒に掃除をする、洗濯をする、買い物に行くという共同作業を行い、少しでも「気持ちのいい生活」を一緒に実践し、共有することが支援において粘り強く求められました。

当初、援助拒否の強かったNさんですが、些細《ささい》なことでも日々の生活行動を共有することにより信頼関係を強めることができました。今では毎週ホームヘルパーが訪問しています。ホームヘルパーが入り始めると、これまで劣悪であった生活環境は嘘《うそ》のように改善していきました。近くを通るとホームヘルパーとNさんとの会話が聞こえてきます。今まで社会的孤立していたNさんが人間らしい生活に近づいていることを実感しています。

京都市には「京都市地域あんしん支援員設置事業」があります。いわゆる「社会的孤立」状態にあり、福祉的な支援が必要であるにもかかわらず、既存の制度では対応が難しい人々を対象に寄り添いながら支援につなげることを目的とした制度です。本事例は、この事業を活用することにより介護保険申請につながりました。しかし、あんしん支援員制度利用の入り口は狭く、空き状況が少ないため、支援が終了したタイミングで募集がかかるのを待つしかありません。また、募集がかかったあとも「要支援者ケース選定会議」にかけられて「選定」されたケースしか支援の網にかかりませんの。結果、多忙な業務に追われているにもかかわらず地域包括支援センターが支援をしなければならない状況が生まれています。

（2）「孤独死」――断ち切れていく援助関係

七〇代、男性、独居。Iさんとのかかわりは、行政の依頼から始まりました。近隣住民との「騒音トラブル」を抱えており警察が介入する事態になっているということでした。

Iさんは一〇年前に病気の妻と二人で現住所に引越しをしてきたそうですが、妻は引越し後すぐに亡くなってしまい、一人暮らしをされていました。地域住民とは挨拶《あいさつ》を交わす程度で、深いかかわりは特にありません。「騒音問題」で居づらさを感じていたこともあり、朝早くに家を出て夜に帰ってくるという生活を送られていました。デイサービスなどを利用することで少しでも他者とかかわる機会をつくることができればと思い、要介護認定を代行申請しました。しかし、いざ介護サービスを使うとなると、ご本人は嫌がられます。妻が亡くなってから掃除もろくにできていない状態で、自宅の床に埃《ほこり》が溜まっていたこともあり、訪問介護の利用も勧めましたが「いいから大丈夫」と拒否されます。数回の訪問を重ね、Iさんがサービスを使う機会をいかにつくるかを考えあぐねていたころ、民生委員から連絡がありました。「よく挨拶を交わしていた独居高齢者の方が最近姿を見せなくなった」という相談です。Iさんでした。すぐに民生委員と訪問をしましたが、チャイムを鳴らしても反応がなく、電話もつながりません。夜間訪問しますと灯《あか》りがともっていますが、いつも二階の電灯です。近所の人は「以前にもあったことだ」と言われますが、カギを開けて入ることもできず、電話と訪問を繰り返しました。結局、レスキュー隊を要請し、隊員が立ち入ったところ、すでに亡くなられていたIさんが発見されました。

二　地域包括支援センターの現状――早期発見・継続支援機能の弱体化

前記の事例のように、地域のなかで孤立した高齢者とその生活問題の発見が遅れ、状態が悪化してから、地域包括支援センターに連絡が入る事例が非常に多くなってきています。小川栄二氏は二〇一一年に近畿全地域包括支援センターを対象に調査を行い、回答者の九五パーセントが「放置できず早く対応しなければならない経験」をしていたことを明らかにしています。[*1] 具体的には「食事、屋内の整頓、衛生状態など日常生活に関する内容が極端に悪化していた」「健康状態が悪化していた」「認知症などにより対応に困った」「虐待（介護放棄なども含む）など」の事例です。また、「援助拒否」「生活後退」は特別な地域の極端なレアケースではなく、どこの地域でも起こっている問題であると小川氏は強調します。

地域に分けいり、地域を知り、地域住民の一人ひとりの状態を把握し、政府に対して主体的に政策立案していくという、公的機能を失った行政の代わりに、高齢者の実態把握とその援助における基幹的機能を地域包括支援センターは担わされています。しかし、現状は援助が必要であるという高齢者のサインを的確に受け止めきれていません。それでは、そもそも地域包括支援センターとはどのような機関なのか、その役割と現状を述べていきます。

（1）地域包括支援センターの政策的機能

二〇〇六年四月の介護保険制度見直しの大きな柱は、介護予防と地域重視でした。その中心的な役割を果たす機関として、新たに地域包括支援センターが設置されました。現在は、全国で五四〇四か所に設置されています。運営形態は、市区町村直営が二〇・五パーセント、委託型が七九・五パーセントで、設置当初六三・二パーセントであった委託型が年々増加しています。ちなみに京都市はすべて委託型です。
　地域包括支援センターには以下の四つの事業を一体的に実施していく機能が与えられました。その機能は、①高齢者の抱える困りごとを幅広く受け付ける「総合相談支援」、②認知症や心身の障《しょう》碍《がい》によって自らの意思をあらわすことのできない人々への支援を目的とした「権利擁護」、③ケアマネジャーへの日常的な個別指導・相談・支援困難事例等への指導・助言を行う「包括的・継続的ケアマネジメント支援」、④要介護状態になることを予防する、あるいは悪化を防ぐことを目的とした「介護予防ケアマネジメント」で、その体制は保健師等、社会福祉士、主任ケアマネの資格を持つ専門職と要支援等の担当をするケアマネジャー等で構成されています。現実の相談内容としては、虐待や認知症・貧困・孤立・ゴミ屋敷・八〇五〇問題といった地域包括支援センターだけでは解決がつかない深刻な内容がますます多くなってきています。

資料２－２－１　認知症の行方不明者数

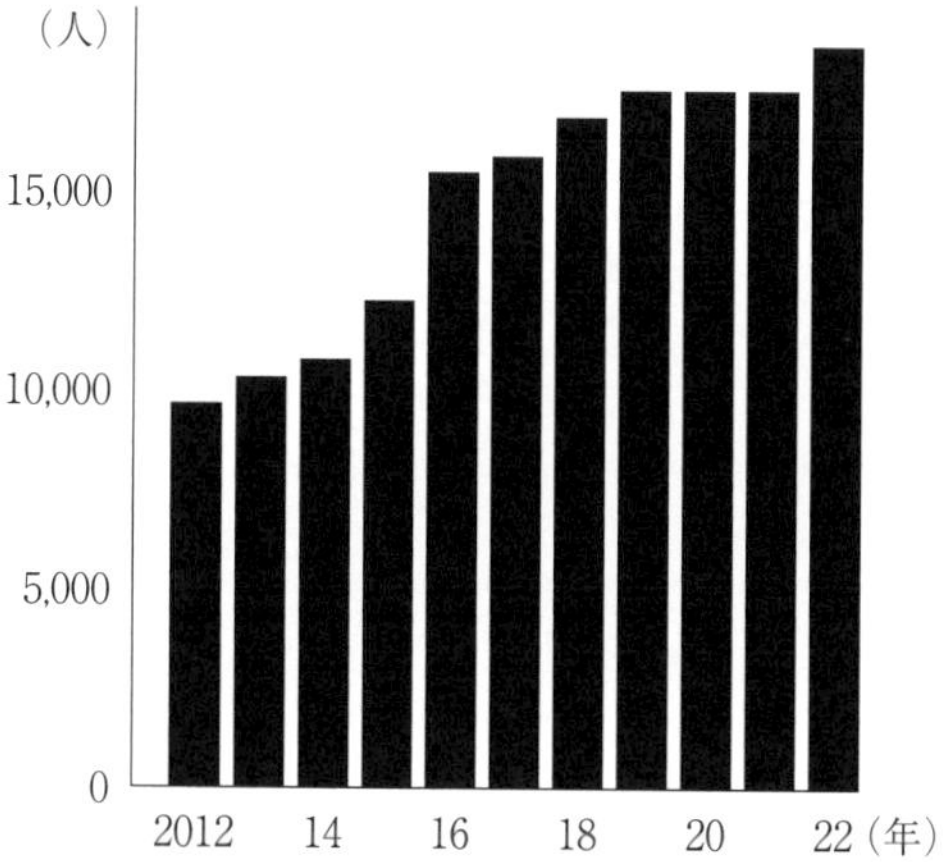

出所：朝日新聞 DIGITAL、2023 年 6 月 22 日付

　その一例を示します。資料２－２－１は警察庁が出した認知症の行方不明者数の推移です。二〇二三年六月二二日付朝日新聞デジタルの記事によると、

二〇二三年に警察に届け出があった認知症の行方不明者は一万八七〇九人で、統計を取り始めた二〇一二年以降、一〇年連続で前年を上回っています。また、遺体で見つかった人も四九一人でした。

家族や地域が面倒を見られないとなると、決まって出てくるのが施設入所という選択肢です。しかし、二〇二二年四月時点で厚労省が出したデータによると、特別養護老人ホームへの申し込みをして、施設に入るまでに待機している人々が二七万五〇〇〇人います。介護保険制度は保険料を払わなかったら介護サービスを利用できませんが、きちんと介護保険料を払っていても介護サービスが利用できないという不合理な制度です。二〇一五年には、特別養護老人ホームに入所できるのは原則要介護認定三以上という制限が設けられました。施設入所を必要としている待機者の数は年々増えてきています。

そのしわ寄せは地域包括支援センターにいきますが、相談業務だけでなく地域ネットワークの構築、地域ケア会議、認知症カフェ、認知症サポーター養成講座の開催も行っており、二〇〇六年創設時から比べて業務量が大幅に増大しているため、手が回りません。平成三一（二〇一九）年三月地域包括支援センターの業務実態に関する調査研究事業報告書（三菱UFJリサーチ&コンサルティング）によると「一週間の総労働時間数（食事・休憩・休暇時間を除く）の平均は二四八九・九分であり、法定労働時間（二四〇〇分）と比較して八九・九分長くなっていた」との調査結果が報告されています。私の実感では、現実はもっと深刻であろうと思います。

問題は、行政から委託された給付管理をはじめとした報告・許可のための業務量が増大の一途を辿り、地域包括支援センターに本来求められている地域問題の早期発見、支援ネットワークの構築を行うことが年々困難になってきているということです。以下では、その要因をもう少し詳しく説明していきます。

(2) 創設時から変わらない委託料・低賃金

そもそも地域包括支援センターが行政から委託された給付管理を行う必要があるのか、という議論もあります。厳密にいえば、介護予防のケアマネジメントは、指定介護予防支援事業者が行うのであって、地域包括支援センター本来の業務ではないからです。しかし、前掲の三菱UFJリサーチ&コンサルティングが二〇二〇年度に出した「地域包括支援センターの業務実態に関する調査研究事業　報告書」を見ると、業務別に一週間の業務労働数の平均値は「指定介護予防支援、第一号介護予防支援」が六〇七・三分で最も時間が長くなっています。ケアプランが優先されると、介護サービスを利用していない要介護者への訪問、あるいは声掛けが二の次になってしまい、問題の発見が遅れてしまう構造ができあがってしまいます。

地域包括支援センターの職員の人手不足、低賃金、そして、それを規定する委託料の低さも深刻です。京都市から地域包括支援センターへの委託料は、定められた人員配置基準で、一名につき五〇〇万円支給されますが、それらは事業の運営経費、例えば、建物の修繕・維持費、家賃、車の維持費、ノートパソコン、業務用ソフトウェア、インク・紙などの購入費、そして人件費に使われます。委託料は事業の運営経費と人件費が「まるめて」支払われるのです。物価は高騰し修理費・消耗品費は上昇しますが、この五〇〇万円という金額は、二〇〇六年の創設時から全く変わっていません。言い換えれば、一六年間低額な基本給、給与が上がっていないということなのです。

地域包括支援センターは市区町村から委託されていますが、その基本的業務は地域の実態を適切に把握し、地域を含む関係機関とのネットワーク構築を図りながら、地域の生活問題へのソーシャルワークを実践していくことを求められます。実践をしていく上で感じるのは、責任主体である行政が、責任主体となり得ていないことです。

(3) 生活援助切り捨て下の地域包括支援センター

小川栄二氏は生活支援において訪問介護の社会的意義、とりわけ「生活後退」にある人々の支援として訪問介護の意義を述べています。*2 私も訪問介護の実践効果、社会的意義については冒頭の事例で述べているように実感しています。しかし、「介護予防・日常生活支援総合事業」の訪問型サービスを中止する事業所が今、相次いでいるのです。

その要因は経営者の高齢化や人材不足に加え、居宅介護支援事業所の管理者を主任ケアマネジャーに限定したゆえに、対応できない事業所が生じた等、制度改悪も考えられますが、主要因は介護報酬単価の低さにあります。つまり、訪問型サービスを維持できるだけの介護報酬が、事業者に支給されていないのです。

ホームヘルパーの介護報酬や人員配置基準に規定された劣悪な労働条件ゆえに、従事者が年々減少しています。厚労省が二〇二二年に出した「第九三回社会保障審議会介護保険部会」の報告によると、ホームヘルパーの有効求人倍率は二〇二〇年において一四・九二倍となっています。

介護保険制度の謳《うた》い文句である在宅介護三本柱（ホームヘルプサービス、デイサービス、ショートステイ）は今や、衰退の一途を辿っています（資料2－2－2参照）。他方、高齢化により今後も介護サービスの需要は増大すると推測されるため、営利企業によるM＆A（企業の合併・買収）が介護分野でも増加傾向にあります（資料2－2－3）。オンラインによる法人・審査制M＆Aマッチングサービスを提供する「M＆A　SUCCEED」によると、二〇二〇年には介護保険制度開始以来最も多い一〇〇件近いM＆Aが行われています。

また、介護保険の度重なる改変のなかで、介護サービスの公的責任が曖昧化しています。給付管理には、大きく分けて「介護予防支援」＝予防給付の対象と「介護予防ケアマネジメント」＝予防給付対象外があります。本来、介護保険料を支払っているわけですから、それに対する保障は同一であるべきですが、なぜ対象が分かれているのでしょうか。二〇一七年に全国一律に予防給付として提供されていたサービスのうち、訪問介護と通所介護が市町村単位の総合事業に移行していったからです。つまり、同じ要支援者のなかで公的保障である介護保険の対象から外れる高齢者が生み

資料2-2-2　「老人福祉・介護事業」の業種別、倒産件数年次推移

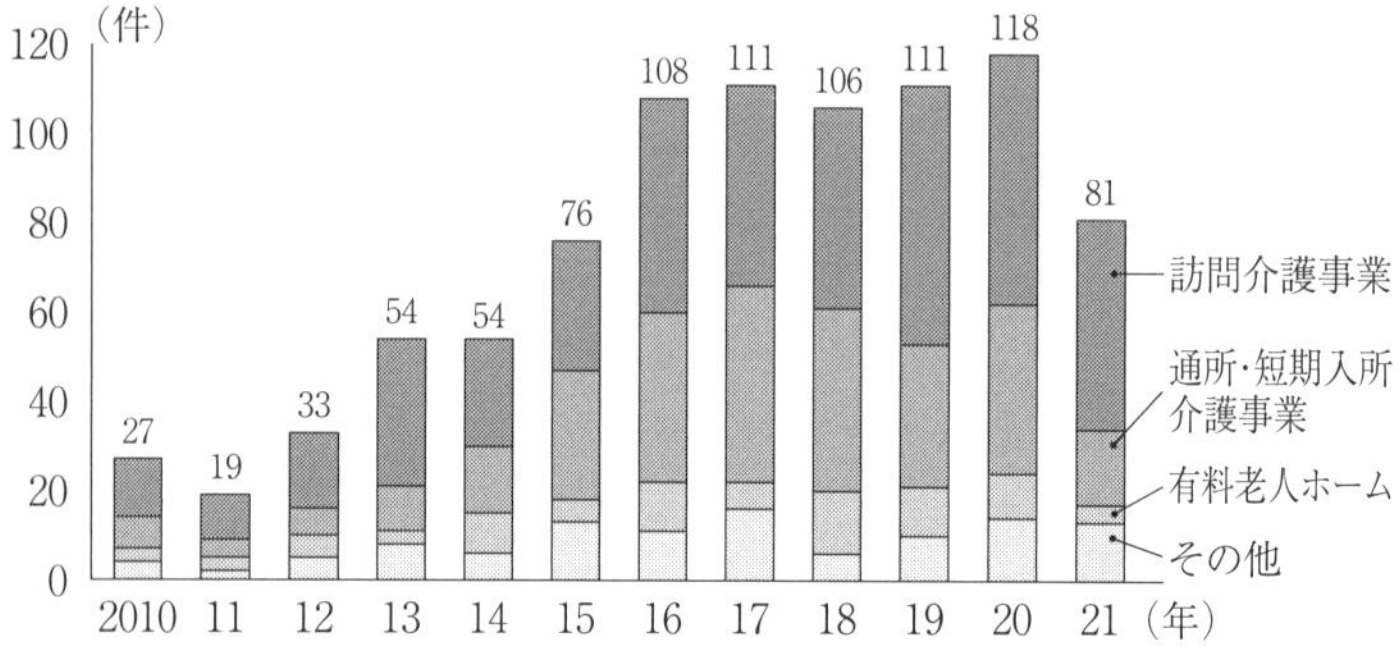

出所：東京商工リサーチ調べ

資料2-2-3　介護業界のM&A件数

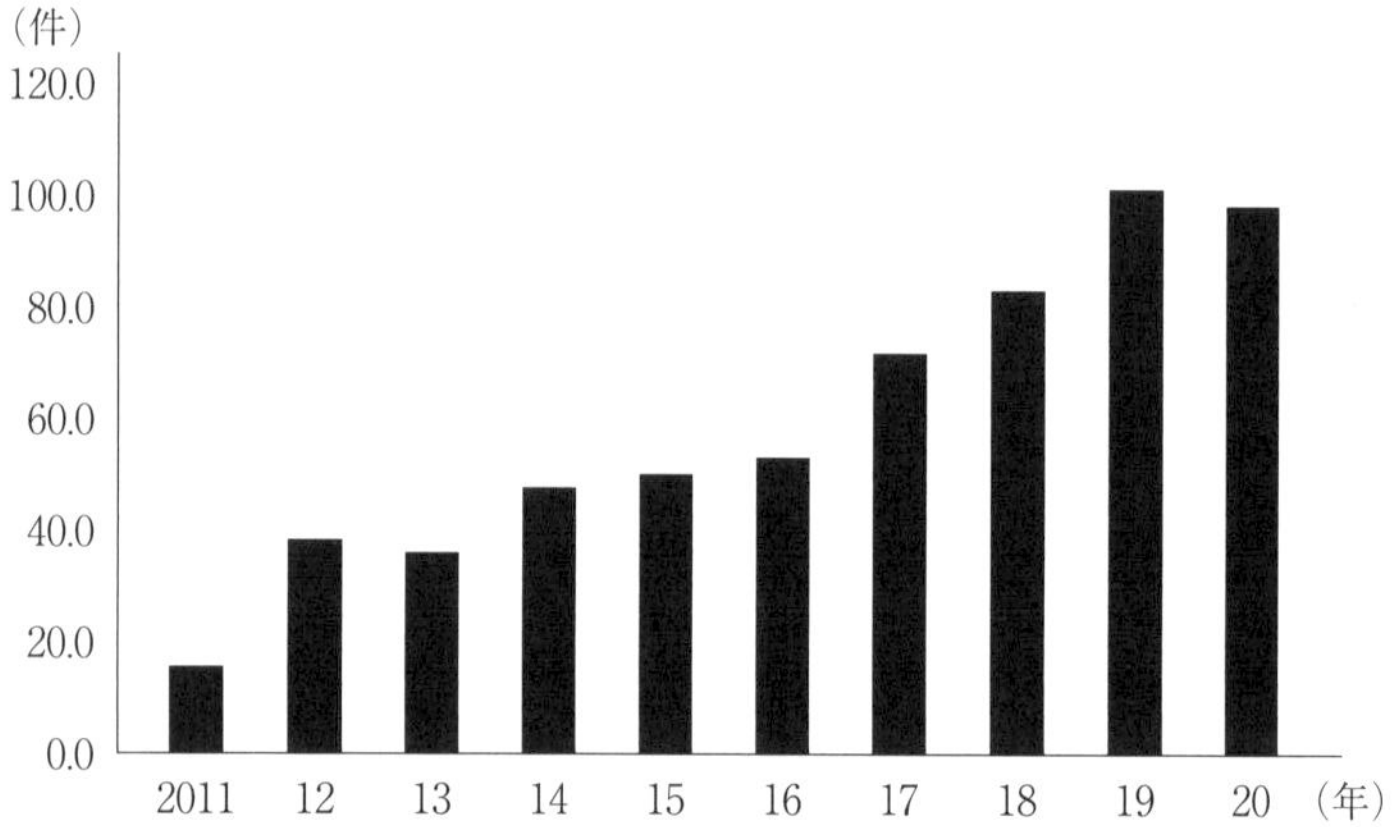

出所：「M&A SUCCEED」医療・介護業界のM&A・事業継承の動向

出されたのです。政府は「全世代型社会保障」の名のもとに、要介護一、二の生活援助さえも介護保険から外し総合事業に移行する、という方針を打ち出していますが、それは今以上に地域住民の生活を脅かしていくことに直結していくと思われます。

三　行政機能の縮小と住民置き去りの実態

(1) 決定と実施機能の分離

コロナ禍の中で見えてきたものは、人件費（専門職）を削減するなどの「合理化」によって体制を維持していこうとする行政とそれによる「弱者切り捨て」という実態でした。例えば、ワクチン接種や特別給付金は、国民の生活に直結する必要不可欠な制度であり、公的責任の下、各機関が連携して迅速に対応することが求められました。しかし、実態は制度が施行されてから一年以上経過していたにもかかわらず手続きが進んでいない、またはその存在すら認識していない高齢者の存在でした。感染を避けるということで、これまでも孤立が危惧《きぐ》されていた独居高齢者が、ますます地域とのつながりが希薄になっています。

問われるべきは、そうしたコロナ禍の事態が生じざるを得なかった行政のこれまでの政策にあります。例えば、地域福祉の責任主体たる役所では、コロナ禍以前から保健所や福祉事務所、介護保険係等が縦割り運営のまま、職員数の削減・非常勤化が徹底して進められてきています。京都市においては、すでに二〇一六年の一二月末において、保健福祉局から民生支部に、「窓口業務の民間委託化」が突如として提案されました。福祉事務所の医療券や介護券、疾病届の取次ぎなどの窓口業務について、民間業者へ業務委託するというものです。さらに、区役所で行っている介護保険の認定・給付業務を民間企業へ委託する前段階として介護保険の認定給付業務に携わっている嘱託員一三〇人の雇い止めを実行しました。公的責任を放棄し営利企業に儲《もう》けの場を提供したのです。蓋を開けてみると、認定申請、認定調査は、いずれも三分の二程度の事業所が「悪くなった」と回答していることが、京都社会保障推進協議会が二〇二〇年に行った「京都市『介護保険認定給付業務委託』についてのアンケート結果について」において明らかにされています。

（2）壊されてきた地域社会

二〇一六年に閣議決定された「ニッポン一億総活躍プラン」では、「地域共生社会」の実現に向けて、支え手側と受け手側に分かれるのではなく、地域のあらゆる住民が役割を持ち、支え合いながら、自分らしく活躍できる地域コミュニティの育成が掲げられました。実態はどうでしょうか。

内閣府が出した「令和三年度高齢者の日常生活・地域社会への参加に関する調査結果」では、近所づき合いについて、「会えば挨拶をする」が八三・五パーセントいるのに対し、「家事やちょっとした用事をしたりしてもらった」は六・七パーセント、「病気の時に助け合う」は六・六パーセントしかありません。地域包括支援センターで働く中で地域から聞こえる声も、「新しく引っ越してきた若い世代やマンションの住民とのかかわりを持つことができない」「ポストに名札が貼っていないので本人の家かわからず訪問できない」「エントランスがあり、介入しづらさを感じる」など、連帯の難しさを主とした内容が多くなっています。また、「若い世代は町内会費を払わないのに地域の祭りには平気で参加してくる」といった、いわば世代同士の対立関係にまで至る状況も耳にします。幼少期から地域で生活していたという高齢者でさえも「いつのまにか周りが死去や施設入所などで居なくなった。今は知っている人がほとんどいない。会っても挨拶する程度の関係だ」という思いを語られます。さらに、民生委員と老人福祉委員の高齢化で、跡継ぎ問題も浮上しています。

他方、地域においては、たとえば要介護者の高齢者世帯に対し「家族はどうしているのか」という地域対個人（家族）という図式がいまだに表面化しています。独居高齢者への安否は言うまでもなく、ゴミ屋敷問題など解決までに時間がかかる事態に対し、地域住民としては先の見えない現状をどこに向けていいかわからず、本人や家族に対して不満を述べられる、あるいは「早く施設に入所したほうがいいのでは」と地域包括支援センターに相談されます。家族の側は遠方であること、就労、子育て、義父母の介護など、自身の生活で手一杯です。「介護の社会化」をスローガンに介

資料2-2-3　高齢者虐待の相談件数

要介護施設従事者等(※)による高齢者虐待の相談・通報件数と虐待判断件数の推移

※介護老人福祉施設、居宅サービス事業等の業務に従事する者

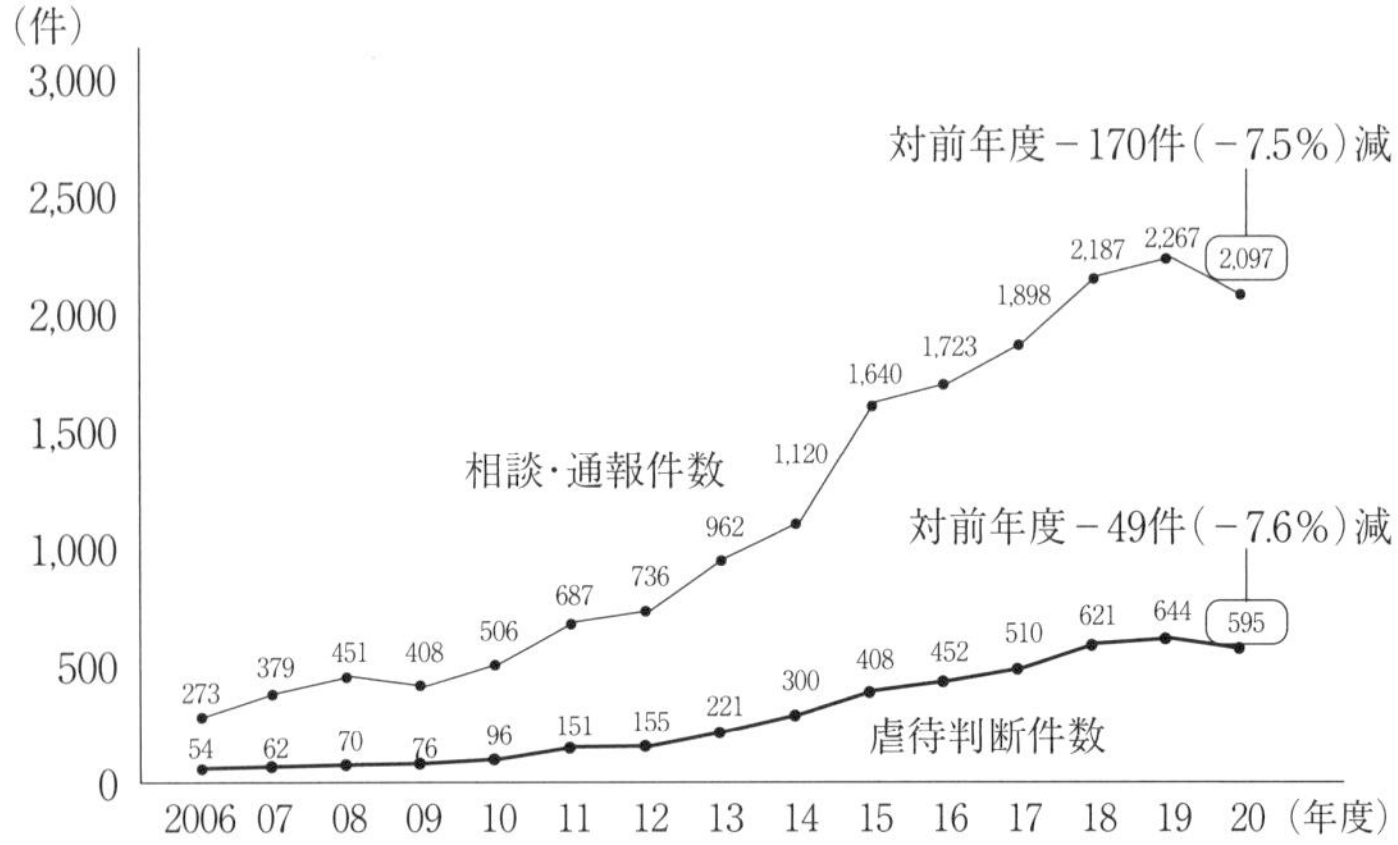

養護者(※)による高齢者虐待の相談・通報件数と虐待判断件数の推移

※高齢者の世話をしている家族、親族、同居人等

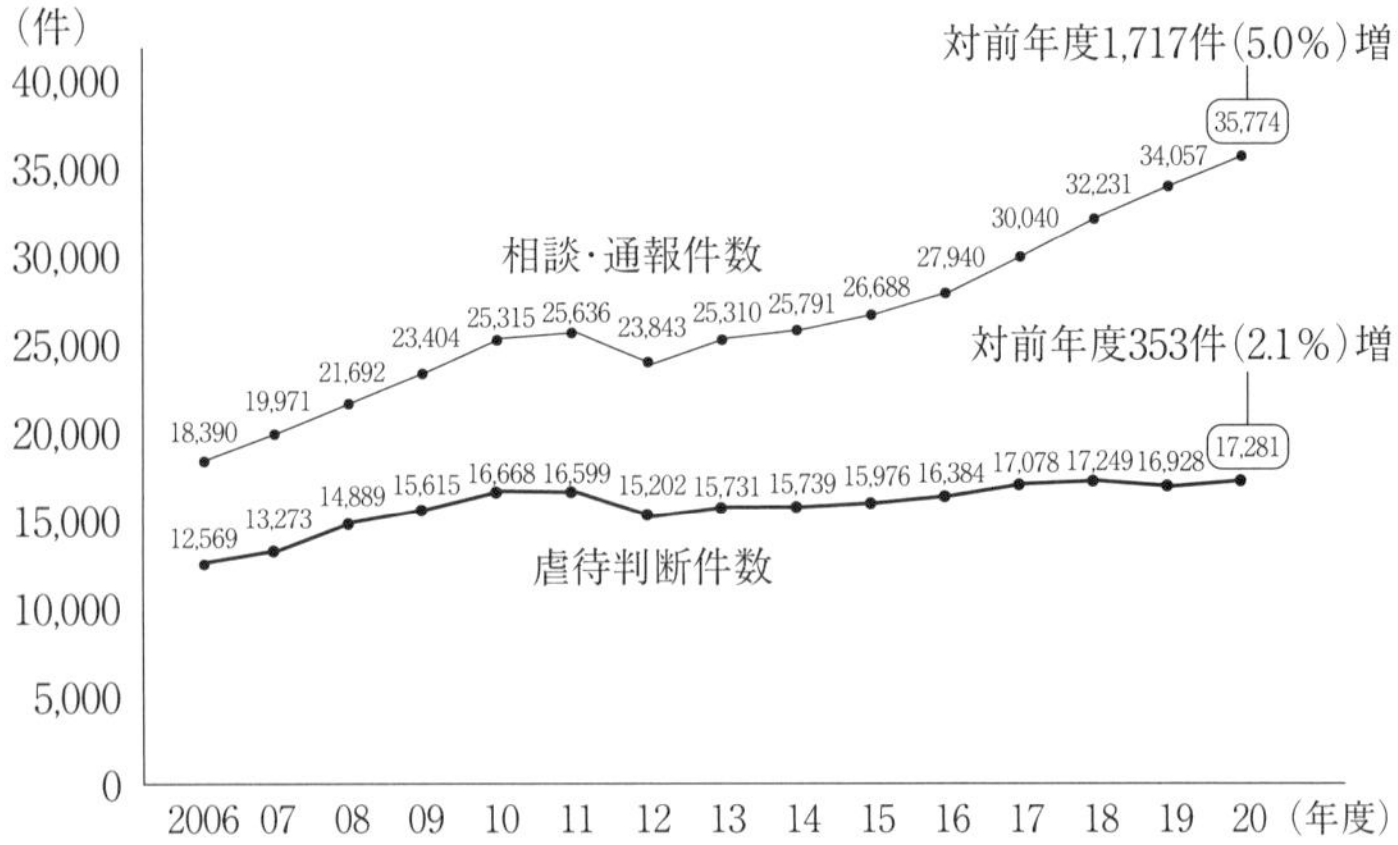

出所：2020年度「高齢者虐待の防止・高齢者の養護者に対する支援等に関する法律」に基づく対応状況等に関する調査結果

護保険制度が施行されて二二年が経《た》ちましたが、依然として「遠距離介護」、「介護離職」、「虐待・介護心中」等の介護問題は後を絶ちません。資料２－２－３は、厚労省が二〇二〇年度「高齢者虐待の防止、高齢者の養護者に対する支援等に関する法律」に基づく対応状況等に関する調査結果で出している高齢者虐待の相談件数の推移です。

こうした地域の現状に対して、政府は軍事費を増大しても、介護保障における公的サービスの領域は限りなく縮小し、自助・共助を強制しているのです。

四　「やむをえない事由」による措置規定の社会的意義

自治体が様々な事業を民営化し、公共性が次々に解体されています。医療、介護、教育につづき、命に欠かせない水道さえも民間事業に委託され、サービスの劣化と受益者負担が目に見えてきています。他方、住民は、生計維持のため、仕事に追われ疲弊していく日々にあって、住民同士が集うことも、共に語り合うことも難しくなっています。しかし、それゆえにこそ、足もとの問題から生活を見直し、一致するところから行政交渉を意識的に積み重ねていくか、住民運動の基本があらためて問い直されているのではないでしょうか。他方、住民との共同関係に置かれる一方で、広域行政・市町村合併により行政の末端組織という相矛盾する役割を担っている地方自治体が今後、いかに前者の割合を強化していけるか、その点が地域社会を創造していくうえで問われていると言えます。[*3]そのための足掛かりをどう創り育てていくか、そこに困難さがあるのですが、この実践を支える客観的条件として、少なくとも次の法的根拠だけは述べておきたいと思います。

介護保険制度が施行されて以降、これまで行政の裁量＝行政責任で行われていた介護サービスは、利用者と事業所との契約関係＝自己責任を基本に行われることになりました。この契約方式や支給限度額の設定からはみ出る高齢者の存在は当初より危惧されてきましたが、今日においても「制度の狭間」問題として存在しています。ここで見失ってはいけないことは、国民の運動によって、介護保険施行後も、「やむを得ない事由と認める場合」は「措置」の対象者として、行政が支援する義務を法的に規定したことです（老人福祉法第一〇条の四、及び第一一条の規定等）。「老人福祉法に基づく措置に関する要綱」（平成一九年三月二三日告示第四一号）の第四条では「措置が必要であると見込まれる者」（「要措置者」）を「発見」し、又は関係機関等から「通報」を受けたときは、直ちに「要措置者」の実態を「訪問」、又は「調査」することを定めています。本来、「やむを得ない事由」に限らず、必要性に応じて介護は保障されるべきなのですが、まずは、日々の支援において、法的根拠を形式的な文面で終わらせずに具体化していくことが求められていると思います。

注

＊1　小川栄二「高齢者の社会的孤立と生活問題」（『前衛』二〇二二年七月号）

＊2　小川栄二「介護保険見直しにおける『要支援者』の『新しい総合事業』への移行について」（『ゆたかなくらし』二〇一四年二月号）

＊3　遠藤晃『人間復権の地域社会論』（自治体研究社、共著、一九九五年）

参考文献

相澤與一『社会保障構造改革―今こそ生存権保障を』（大月書店、二〇〇二年）

池上淳、藤本文朗他編著『長寿社会を生きる―健康で文化的な介護保障へ』（新日本出版社、二〇一九年）

鎌田とし子『貧困と家族崩壊―「ひとり暮らし裁判」の原告たち』（ミネルヴァ書房、一九九九年）

岡田知弘『一人ひとりが輝く地域再生』（新日本出版社、二〇〇九年）

唐鎌直義『脱貧困の社会保障』（旬報社、二〇一二年）

城塚健之他編著『これでいいのか　自治体アウトソーシング』（自治体研究所、二〇一四年）

田川佳代子「委託型地域包括支援センターの社会福祉士による認知症高齢者の相談対応をめぐる社会的相互作用のうごき」（愛知県立大学社会福祉研究二三号、二〇二一年）

藤松素子「『地域共生社会』時代における地域福祉推進の要件とは何か」（佛教大学社会福祉学部論集第一五号、二〇一九年）
藤本文朗他編著『ひきこもっていても元気に生きる』（新日本出版社、二〇二一年）
NHK「無縁社会プロジェクト」取材班『無縁社会〝無縁死〟三万二千人の衝撃』（文藝春秋、二〇一〇年）

第3節　「介護難民」の実相
――「制度と建物が残って福祉は消える」でいいのか

西岡修

これまで施設や、地域・在宅における実態をとりあげ述べてきましたが、そのいわば集約的な現れである「介護難民」といわれる論点をここでは総括的に整理していきます。

「介護難民」とは、一般的に介護が必要であるにもかかわらず病院、施設、そして自宅において必要最低限の介護すら受けることができない人々をさします。厚生労働省の「将来推計人口」によりますと、二〇三〇年に六五歳以上の高齢者は約三六八五万人（全人口の三二パーセント）に達し、年間死亡者は今より三六万人も多い一六五万人になると予想しています。そのさい、死亡場所別に見ると、二〇三〇年時点で約四七万人が一般に「看取り難民」となる（資料2－3－1）と、国は私たちに警鐘を鳴らし続けているのです。とりわけ政府は「二〇二五年問題」といわれる団塊の世代（一九四七年一月一日から一九四九年一二月三一日までに生まれた人）が七五歳を超えることによる医療・介護費用のニーズを危惧し、対応した制度改革の必要性を強調しています。介護難民を生む

資料2-3-1　高齢者の死亡場所別、死亡者数の推移と予測

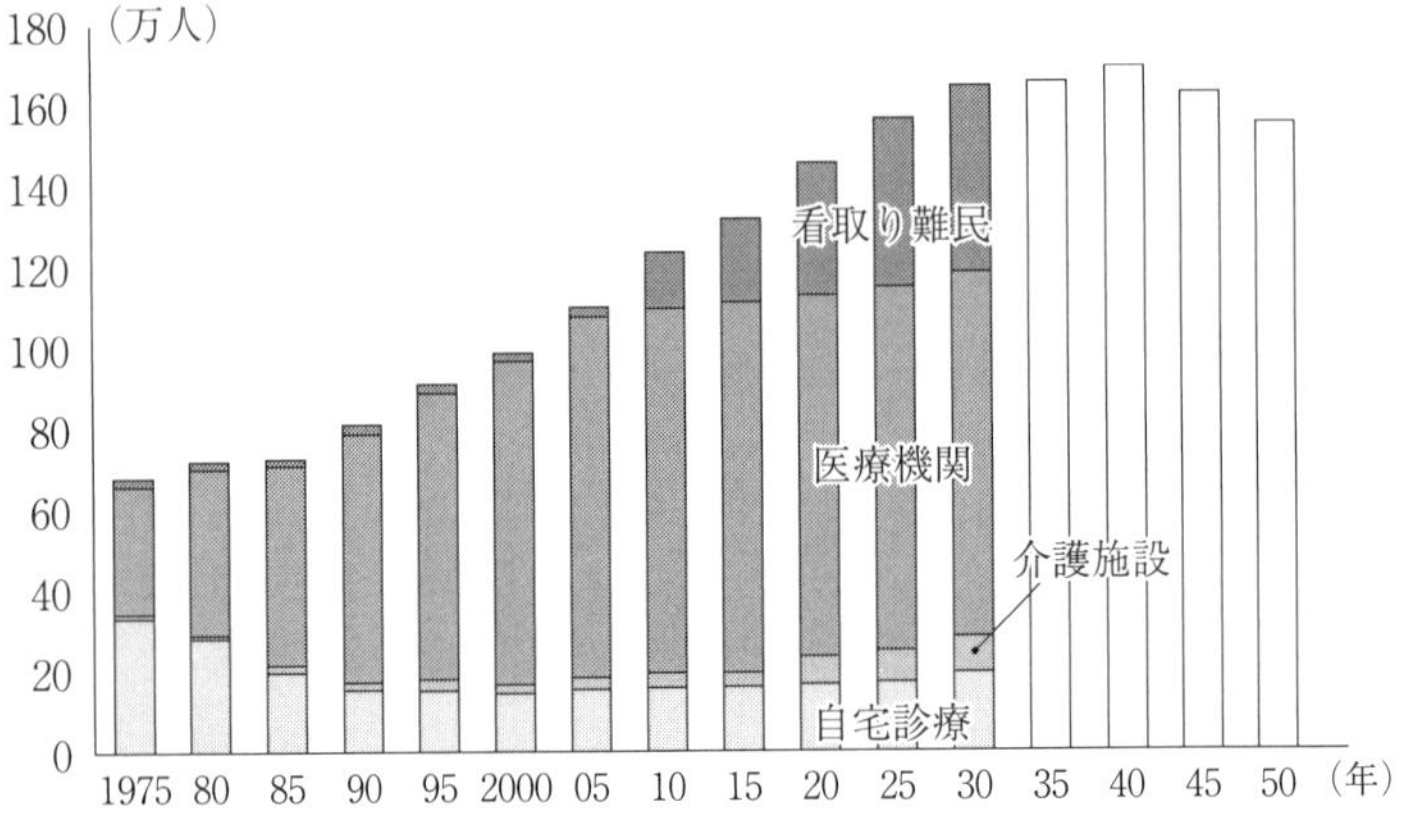

出所：厚労省資料等

実態を明らかにしながら、全世代にとって安心して人間らしく暮らし続けることができる高齢社会とは何かを検討していきましょう。

一　病院にも施設にも入れず家には帰れない

二〇二一年度からの第八期介護保険制度改定では、「国の負担を減らし国民負担を大幅に増やすこと」をめざした改定が行われました。そのような政策推進の経過の中で何が起ころうとしているのでしょうか。たとえば特別養護老人ホーム（以下、特養ホーム）においては、次のような実態が顕在化しています。本来、特養ホーム利用対象となる医療ニーズが高い高齢者、福祉ニーズが高い高齢者の入所が難しくなっているのです。全国の特養ホーム開設数は、介護保険が始まっ

資料２-３-２　入所（居）待機者の中で、入所（居）に至らない理由

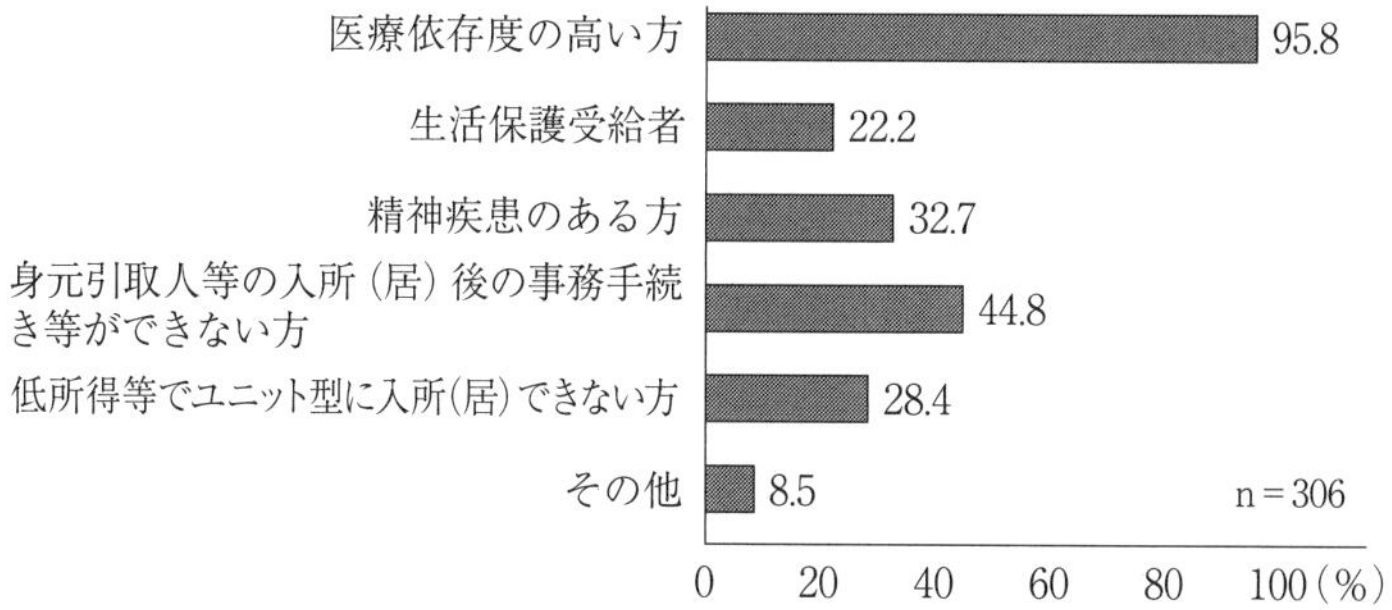

注：「医療依存度が高い方」が95.8％と最も多い結果となり、上記の対象者は入所（居）待機者として名簿に残り続けると考えられる

出所：東京都高齢者福祉施設協議会「令和４年度 東京都内特別養護老人ホーム入所（居）待機者に関する実態調査」（2022年12月）

た二〇〇〇年当時の四五〇〇施設が二〇一九年には八四〇〇施設（二〇二一年一〇月一日現在。二〇二一年介護サービス施設・事業所調査、厚労省二〇二三年一二月二七日）を超え約二倍に増えています。しかし、新しく開設されても、入所が難しくなっているのです。

資料２－３－２は、東京都内の特養ホームに申し込んで待機していても、入所に至らない実態に関する東京都高齢者福祉施設協議会による調査（複数回答）です。

入所に至らない原因の一位は、「医療依存度の高い高齢者」で、回答施設の九五・八パーセント。二位は「入所したとしても入所後の事務手続きなどができない高齢者（身元引受人がいない高齢者）」で四四・八パーセント、続いて「精神疾患のある高齢者（認知症を含む）」が三二・七パーセント、「低所得のためユニット型個室に入所できない高齢者」二八・四パーセント、「生活保護受給の高齢者」二二・二パーセントでした。

（1）医療から締め出された慢性疾患・亜急性期の患者受け入れ

医療依存度の高い高齢者とは、喀痰《かくたん》吸引、中心静脈栄養（ＩＶＨ）、インスリン注射などの医師や看護師による医療行為が毎日の生活の中で常時必要な状況の方です。在宅であれば医師の指導の下に家族や訪問看護が対応しますが、特養ホームの職員は家族とは異なるので、医療行為を行うことはできません。特養ホームの運営基準上、医師や看護職員の役割は「健康管理及び療養上の指導を行う」こととされ、実際に医師の大半は非常勤で、特養ホームでの医師の診察回数は月二・六二回（平成二一年度老人保健健康増進等事業「介護施設における医療提供に関する調査研究」）です。「生活の場」として位置づけられた体制の中で治療は難しく〝健康管理〟程度が実情です。医療が必要な場合は、入所者を施設外の医療機関に連れていって外来受診や入院などの対応を受けることが前提の基準です。実際は、在宅で家族が行っている程度の医療処置すら行えるような体制もありません。

しかし、その一方で施設入所者の重度化がますます進んでいます。特に、二〇一五年度から特養ホームの入所要件は、それまでの要介護一以上から原則要介護三以上となりました。この影響は極めて大きいといえます。その背景は次の通りです。政府は病床削減、入院期間削減、医師・看護師の削減をはじめとした医療費削減策を年々、強化してきました。医療機関が提供した診察、治療、処方などの医療行為の対価として医療機関に支払われる診療報酬の削減という縛りを強化し、その結果、慢性期・亜急性期の状態にある医療ニーズの極めて高い患者が病院から早期に退院を余儀なくされるようになりました。そうした患者のいわば受け皿として本来、生活施設である特養ホームがその政策的機能を担わされたのです。本来、生活施設としての特養ホームは、介護保険制度下、三年ごとの介護報酬改定の度に「重度化」が重視され、介護保険制度の中では、生活支援よりも身体介護を中心に据えた身体機能の「自立支援」が重視されるようになっています。

その結果、施設入所者は年々重度化し、特に「看取り」の必要な状態の利用者が増加してきています。その一方、施設の医師・看護職員の配置基準は一九六三年の老人福祉法施行以来、六〇年間大きくは変わらず、わずかな加算による対応にとどまっているのが現状です。結果として、生活支援を必要としている高齢者の特養ホームへの入所は大幅に狭められてしまいました。

(2) 見失われていく「老人福祉法」の生活支援

身元引受人がいないと特養ホームに入れない

東京都高齢者福祉施設協議会による調査結果において、入所に至らない原因の二位である「身元引受人がいない」とは、身寄りのない単身者（家族など親族がいても関係が途絶などの場合も含む）です。福祉施設として身寄りのない単身者の受け入れは当然のことですが、実際には「身元引受人」がいないことを理由に入所できない場合があるということです。特養ホームは介護保険法と老人福祉法の二つの法制度の下にあります。しかし、現状は介護保険が優先され、老人福祉法上の「福祉の措置」ができる事業所であること自体がほとんど機能していない状況にあるのです。結果として、身寄りのない高齢者は申し込んでも入所できない、福祉施設とは何かが問われる状況となっています。

受け入れができない精神疾患・認知症の高齢者

入所に至らない原因三位の精神疾患には主に認知症が含まれており、日常の行動面で特養ホームのような集団生活になじめないため対応ができないことなどが受け入れ困難の理由と推測されます。

このような状況の背景には、介護職員等の確保ができないことが大きく影響しているといえます。求人難や離退職が多く、職員確保が難しい中で、基本となる最低限の人員確保すら事欠く状況に加えて、必要な知識や経験が蓄積され職員チームとして共有されないこと、高齢者福祉制度の知識や技術の不足や低下によって適切な対応ができないことが考えられます。介護にとどまらず、福祉ニーズへの対応には、ソーシャルワーカーとしての生活相談員の役割も重要ですが、貧困な介護報酬のもとで経営的な役割を担わされているのが現状です。

（3）空床があっても入れない――介護の人材不足による受け入れ困難

すでに述べたように、全国の特養ホーム開設数は、介護保険が始まった二〇〇〇年当時の四五〇〇施設が二〇二一年には八四一四施設（前掲）と二倍近くにまで増えています。しかし新しく開設されても、職員確保ができない中で福祉ニーズが高い高齢者、医療ニーズが高い高齢者の入所が難しくなっている状況が起きています。

二〇〇七年三月にＮＨＫスペシャルで「介護の人材が逃げていく」と題して、介護職員が集まらない特養ホームの実態が放映され、大きな反響を呼びました。放送からすでに一五年が経過していますが、福祉・介護の「業界」の人材不足はさらに悪化しています。

国は介護職員を対象にした三種類の処遇改善加算を給付しています。職員の給与が増えたとする国の調査結果はあるものの、相変わらず他業種の有効求人倍率が一倍を超える程度の人材不足に対して、介護職員については全国平均で有効求人倍率が三倍、東京都では六倍を超える非常に深刻な状況が続いています。

介護労働安定センターの調査によると、訪問介護員と施設等の介護職員の就業形態は、施設等の介護職員の六一パーセントが正規職員であるのに対して、訪問介護員の六九・七パーセントは非正規職員です。「登録ヘルパー」が七割を占めています（資料２－３－３）。また同調査から年齢構成

資料２-３-３　介護職員、訪問介護員の就業形態（職業別）

	正規職員	非正規職員		
			うち常勤労働者	うち短時間労働者
介護職員(施設等)	61.0%	39.0%	15.4%	23.6%
訪問介護員	30.3%	69.7%	12.3%	57.3%

注１：正規職員：雇用している労働者で雇用期間の定めのない者。非正規職員：正規職員以外の労働者（契約職員、嘱託職員、パートタイム労働者等）
常勤労働者：１週の所定労働時間が主たる正規職員と同じ労働者。短時間職員：１週の所定労働時間が主たる正規職員に比べ短い者
注２：介護職員（施設等）：訪問介護以外の指定事業所で働く者。訪問介護員：訪問介護事業所で働く者
注３：調査において無回答のものがあるため、合計しても 100%とはならない
出所：（公財）介護労働安定センター「平成 29 年度介護労働実態調査」（2017 年）

をみると、六三・八パーセントが五〇歳以上、六〇歳以上は三八・五パーセントと訪問介護員の四割を占めています（資料２－３－４）。施設等の介護職員と比べると圧倒的に高齢化している（資料２－３－４のアミかけ部分）のが現状です。

（４）減り続ける介護報酬

三年ごとの介護報酬改定は、二〇二一年度で八回目となりました。この間の特養ホームの基本報酬の推移を見ると、この二二年間で介護報酬は減額が続いています。要介護一から五までの平均で、実に二〇パーセント引き下げられてきました（資料２－３－５）。

特養ホームや他のサービス事業所では経営の基盤となる介護報酬引き下げの対応として、支出経費の抑制に取り組みます。制度施行当初から経費の中に占める固定費たる「人件費」見直し（引き下げ）の動きが、三年ごとの報酬

資料２-３-４　介護職員、訪問介護員の年齢構成（性別・職種別）

		20歳未満	20～29歳	30～39歳	40～49歳	50～59歳	60歳以上
性別	男性	—	2.5%	20.4%	28.1%	19.4%	27.7%
	女性	0.1%	1.5%	7.9%	23.3%	38.4%	27.0%
職種別	介護職員	0.7%	15.0%	22.9%	24.1%	19.9%	15.9%
	訪問介護員	0.2%	4.0%	10.1%	19.6%	25.3%	38.5%

注１：性別は９職種合計（サービス提供責任者、看護職員、介護支援専門員（ケアマネジャー）、生活相談員または支援相談員、PT・OT・ST 等、管理栄養士・栄養士・福祉用具専門相談員及び上記表の２職種）

注２：調査において無回答のものがあるため、合計しても 100%とならない

出所：資料２-３-３と同じ

資料２-３-５　介護基本報酬単位数の推移

年度（多床室）	2000	2003	2006	2009	2012	2015	2018	2021	2000年度からの削減単位数
要介護１	796	677	639	589	577	547	559	573	△223
対2000年比%	—	85.1	80.3	74.0	72.5	74.3	70.2	72.0	28.0%減
要介護２	841	748	710	660	647	614	627	641	△200
対2000年比%	—	88.9	84.4	78.5	76.9	73.0	74.6	76.2	23.8%減
要介護３	885	818	800	730	719	682	697	712	△173
対2000年比%	—	92.4	90.4	82.5	81.2	77.1	79.8	80.5	19.5%減
要介護４	930	889	871	801	789	749	765	780	△150
対2000年比%	—	95.6	93.7	86.1	84.8	80.5	82.3	84.9	16.1%減
要介護５	974	959	941	871	858	814	832	847	△127
対2000年比%	—	98.5	96.6	89.4	88.1	83.6	85.4	87.0	13.0%減

出所：筆者作成

の引き下げと連動していきました。二〇〇六年度の第三期改定での介護報酬引き下げを契機に、介護職の担い手不足が一気に加速化しました。介護保険制度以前は原則正規職員が当たり前でしたが、介護保険制度以降は非常勤を「常勤換算」という手法で、人員基準の充足を認めることで非常勤化が取り入れられました。常勤換算の手法が低賃金で不安定な雇用状況を一気に拡大したといえます。また、派遣労働者の増加も特に施設系では増加しました。

二　経営の「効率化」と「生産性向上」

このところ国は、介護保険事業所経営の「効率化」と「生産性向上」を強調しています。デジタルやロボット技術などにより職員の配置基準を利用者三人に対して介護職員一人という人員配置基準から四対一に緩和する方向が検討されています。

東京都高齢者福祉施設協議会が実施した「特別養護老人ホーム人員配置調査」の結果から、現状からは国の方針がいかに現実離れしているかが明らかです。すなわち、以下の通りです。

都内における特養ホームの常勤換算数の実態は、平均で二・〇一人。[*1]三対一に比べて手厚い配置をしている理由として、八五・七パーセントの施設が「サービスの質が維持できないため」と回答

資料2－3－6　介護・看護職員数を３：１基準より手厚く運営している理由

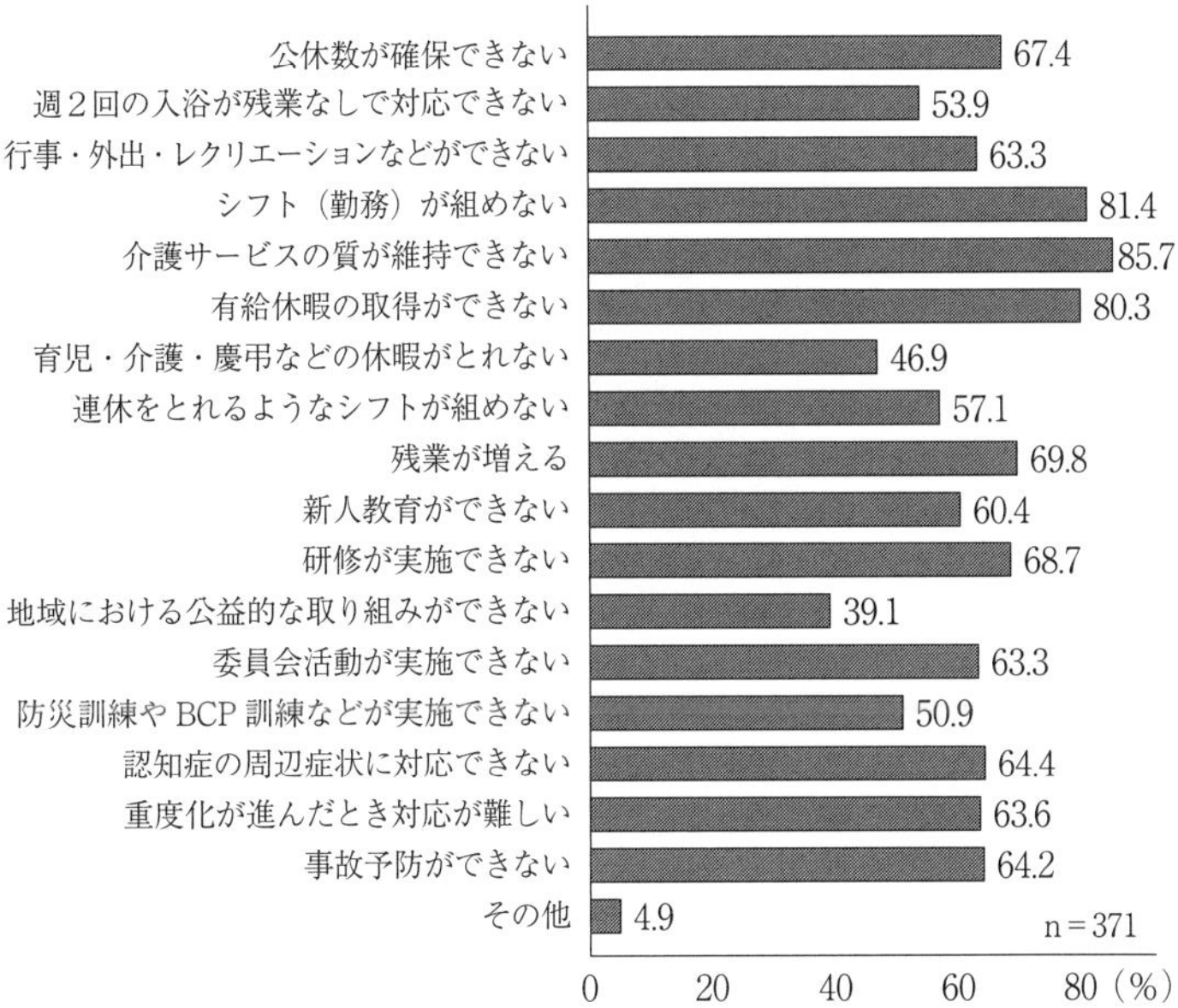

出所：東京都高齢者福祉施設協議会「特別養護老人ホーム人員配置調査結果」2022年６月

しています（資料2－3－6）。

自由意見では、「国が定める基準では良質なサービスが提供できない」とする意見が多く、特に認知症の周辺症状への対応や重度化への対応など、入所者の安心・安全な生活を守るには人員配置を手厚くする必要があると考えています。また実際の現場では、三対一では「シフト（勤務）が組めない」や「有休休暇の取得ができない」なども八〇パーセントを超える施設が回答しています。国の基準では介護職や看護職の労働環境にも影響が出てしまうことが明らかとなりました。厚生労働省所管の福祉施設の労働状況が、国の三

資料2-3-7　人員配置基準の緩和に賛成か反対か

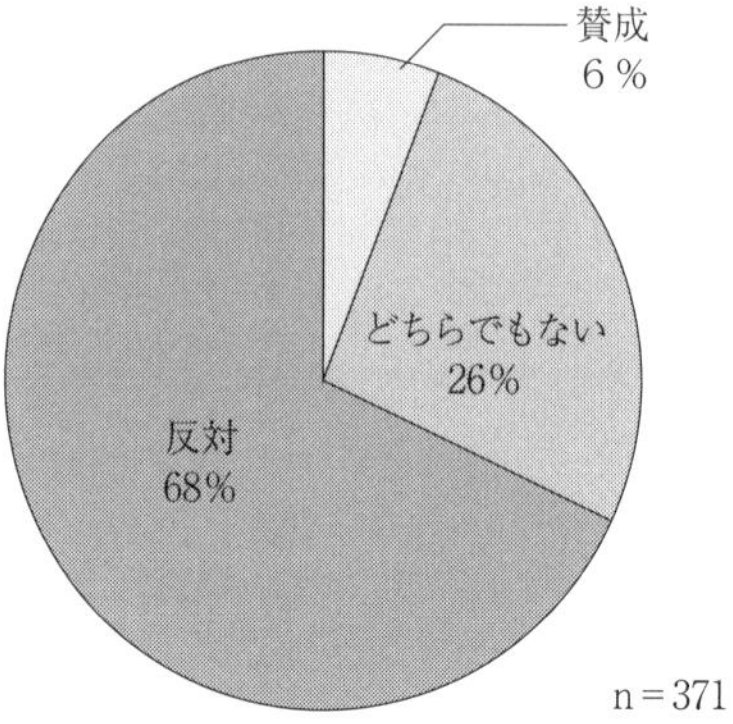

出所：資料2-3-6と同じ

対一基準では労働基準法などの労働法が求める基準を満たせない状況であるということです。

資料2-3-7を見ると、国が推進しているICT（情報通信技術）活用と人員配置基準の緩和との相関性の観点からは、人員配置基準の緩和について、六八パーセントの施設は「反対」と回答しています。ICTを活用しても常勤換算数三対一では手厚い運営は「不可能」と九二パーセントの施設が回答しています（資料2-3-8）。不可能と回答した施設は、「ICT機器などは職員の現状の負担軽減や業務省力はできても人の代わりにはならない」と八五・二パーセントの施設が回答をしています（資料2-3-9）。

その他にも「ナースコールが同時に鳴った場合に駆け付けられない」など、人員配置三対一でも成し得ない状況下で、ICT機器が人員配置基準緩和の条件にはならないことを裏付けている結果となっています。

あわせて国のICT活用による介護、看護職員の配

資料2-3-8　ICTを活用した場合に介護・看護職員の常勤換算数は3：1で対応可能かどうか

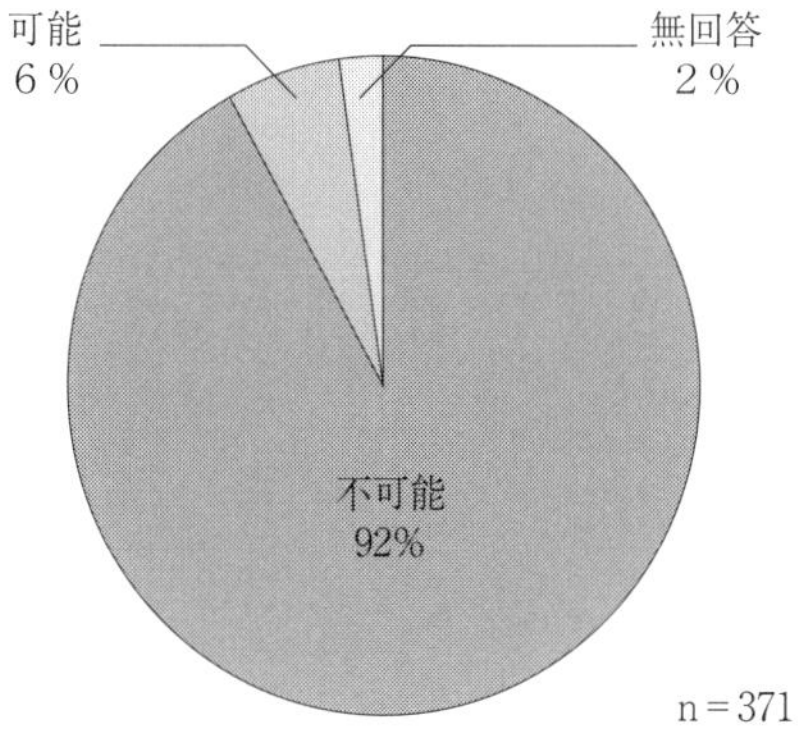

出所：資料2-3-6と同じ

資料2-3-9　資料2-3-8で不可能と回答した理由（複数回答）

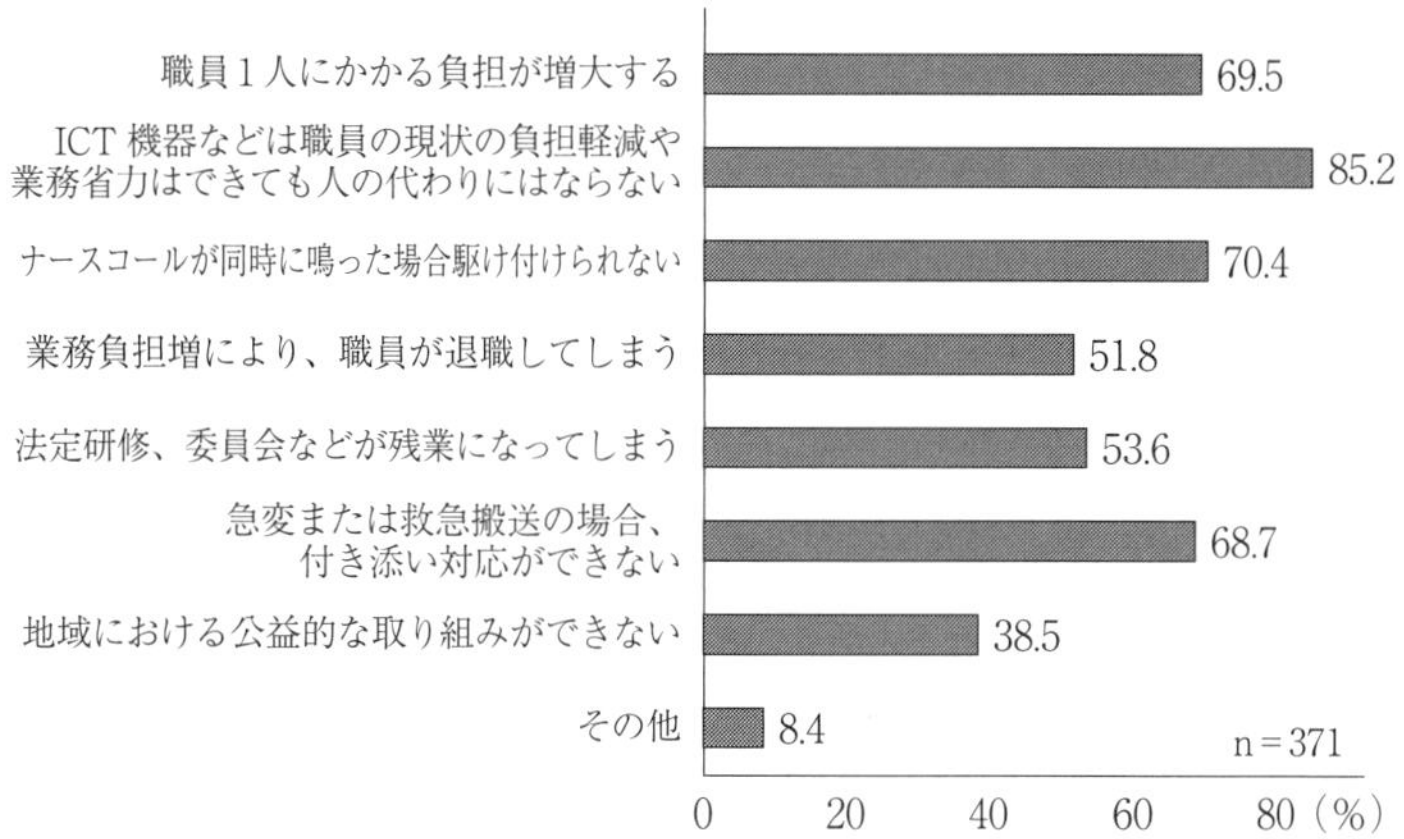

出所：資料2-3-6と同じ

置基準を三対一から四対一に緩和する検討の動きに対して、「介護人材不足を配置人員削減で補うことに限界がある」と回答した施設が六四・四パーセント、「利用者の安全の確保が困難になる」と回答した施設が六三・六パーセントとなっています。介護人材不足対策は職員の削減による基準緩和ありきではなく、入所者、職員ともに安心・安全を守ることが大前提で進めることを求めているといえます。

ＩＣＴ・ＤＸの推進は、デジタル機器、設備の整備にかかる導入費用、維持管理費用、さらに更新にかかる費用などこれまでなかった新たなコストが生じることから、それらの費用が介護にかかる費用に上乗せされることは明らかです。有料老人ホームなど料金面で制度の縛りが少ないところからという狙いが意味するところは明白です。

このような状況は、限りなく介護保険外の介護サービス費用が増加し、サービス利用者の負担は増えこそすれ減ることは考えにくいところです。結局、施設に入るのも金次第、介護ニーズの高い低所得層は保険料を徴収されても施設に入れない、かといって、在宅も困難である、いわば介護難民をますます増大させていく結果をもたらすのではないでしょうか。

三　増えつづける自己負担、入所できない、退所を余儀なくされる!

(1) ユニット型個室には入れない

前述の待機者調査の中で、待機していても入所に至らない理由の中で、四位の「低所得でユニット型の利用ができない」と五位の「生活保護受給者」は、ユニット型個室には入れないため、「多床室」が空かなければ入所できない状況があることを反映しています(社会福祉法人による減額の制度を使えば入所できるはずですが、事業所の経営問題、市区町村保険者も負担が発生することから、積極的に制度活用がされていない現状です)。

資料2-3-10は東京都内の入所待機者が選択している居室タイプを調査したものです。「従来型」、つまり「四人室」「二人室」を希望する高齢者が圧倒的に多いのです。特養ホームの室料は「多床室」で月額約二万五〇〇〇円、「ユニット型個室」は約六万円、また収入や資産に応じての三割負担導入や補足給付の見直しにより、有料老人ホーム並みの費用負担となる場合が増えています。有料老人ホーム並みの部屋代を支払わなければならないユニット型に入所を希望する高齢者は限ら

資料２-３-10　過去３年における名簿上の入所（居）待機者は何人か

		回答数	2018年３月31日現在		回答数	2019年３月31日現在		回答数	2020年３月31日現在	
			合計	１施設当たりの平均		合計	１施設当たりの平均		合計	１施設当たりの平均
23区	従来型	100	30,138	301.38	106	31,423	296.44	110	31,508	286.44
	ユニット型	64	11,858	185.28	69	12,065	174.86	73	12,418	170.11
	一部ユニット型	5	1,177	235.40	5	1,059	211.80	6	1,378	229.67
多摩東部	従来型	61	16,526	270.92	61	16,971	278.21	65	19,161	294.78
	ユニット型	19	3,516	185.05	21	4,069	193.76	23	4,229	183.87
	一部ユニット型	7	1,564	223.43	7	1,361	194.43	7	1,641	234.43
多摩西部	従来型	51	7,715	151.27	51	8,036	157.57	51	7,722	151.41
	ユニット型	18	1,667	92.61	19	1,775	93.42	19	1,910	100.53
	一部ユニット型	5	513	102.60	5	531	106.20	5	499	99.80
島しょ	従来型	3	38	12.67	3	36	12.00	3	34	11.33
	一部ユニット型	1	19	19.00	1	19	19.00	1	18	18.00

出所：東京都高齢者福祉施設協議会「令和２年度東京都内特別養護老人ホーム入所（居）待機者に関する実態調査」（最終報告、2020年12月）

れています。

二〇二〇年からの新型コロナ感染症の流行では、全室個室の特養ホームに比べて、従来型多床室特養ホームでの集団感染が多い傾向にありました。本来「個室は利用者の個人を尊重し、安全安心を確保するための最低条件」であることが、感染症を通じて実証されたといえるのではないでしょうか。コロナ禍を経験し、低年金などの所得が少ない高齢者でも、生活保護受給者でも、誰もが個室が当たり前でなければ命も守れない時代になっているともいえます。しかし現実は、福祉施設として積極的に受け入れるべき生活保護受給者や低所得者の入所が困難になっており、実態は深刻です。

厚生労働省は二〇二五年度までに特養ホームの入所定員の七〇パーセントをユニット型に転換する考えですが、今後福祉施設である特養ホームが新設されても、現実には入所利用ができない事態が進行しているといえます。

(2) 支払い困難を理由に退所、行き場のない「介護難民」

「全国どこでも誰でも一割負担で必要なサービスが受けられる」との当初の介護保険制度の謳い文句はすでに忘れ去られ、二〇一五年度改定で収入や資産に応じて二割負担が導入されました。二〇一八年度改定ではさらに三割負担が導入されました(資料2-3-11)。一割、二割、三割というとピンときませんが、二倍、三倍と聞くと、負担の大きさを実感でき、誰もが驚くところです。

また、二〇二一年度では補足給付が改定されました（資料2－3－12）。補足給付制度は二〇〇五年一〇月に導入、実施されました。それまで「介護給付」に含まれていた「食費」と「居住費（部屋代）」が自己負担とされたことから、所得等に応じて四段階の補足的な給付を設け、第一段階か

資料2-3-11　自己負担割合（1割・2割・3割）の判定要件

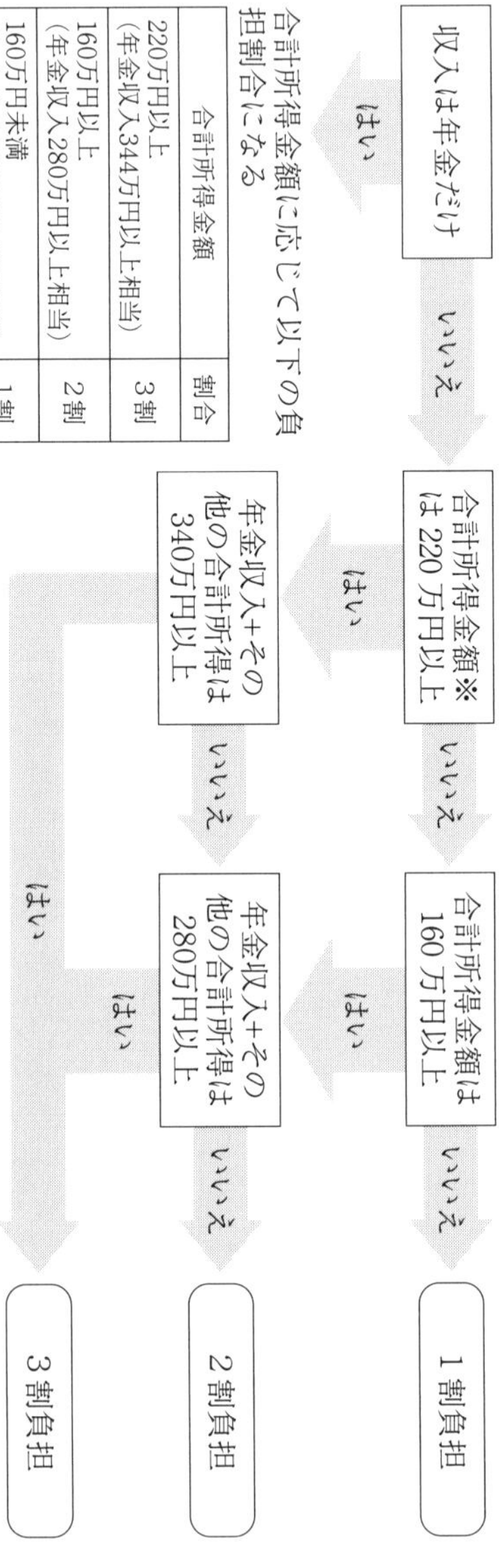

合計所得金額	割合
220万円以上（年金収入344万円以上相当）	3割
160万円以上（年金収入280万円以上相当）	2割
160万円未満（年金収入280万円未満相当）	1割

注：合計所得金額＝年金所得、土地建物の長期・短期譲渡所得にかかる特別控除額を控除した額
出所：筆者作成

資料２-３-12　補足給付対象者の所得要件、資産要件の見直し（2021年８月から）

利用者負担増	所得要件（現行）	所得要件(見直し後)	資産要件（現行）	資産要件(見直し後)
第一段階	• 生活保護受給者 • 世帯（世帯分離の配偶者を含む。以下同）全員が市町村民税非課税である老齢福祉年金受給者	変更なし	かつ、 預貯金等が単身で1,000万円（夫婦で2,000万円）以下	かつ、預貯金等が単身で1,000万円（夫婦で2,000万円）以下
第二段階	• 世帯全員が市町村民税非課税 年金収入金額＋合計所得金額80万円以下			かつ、預貯金等が単身で650万円（夫婦で1,650万円）以下
第三段階	第三段階	第三段階①		第三段階①
	• 世帯全員が市町村民税非課税で、第二段階該当者以外	• 世帯全員が市町村民税非課税で、年金収入金額＋合計所得金額80万円超120万円以下		かつ、預貯金等が単身で550万円（夫婦で1,550万円）以下
		第三段階②		第三段階②
		• 世帯全員が市町村民税非課税で、年金収入金額＋合計所得金額120万円超		かつ、預貯金等が単身で500万円（夫婦で1,500万円）以下
第四段階	• 世帯に課税者がいる者 • 本人が市町村民税課税者			

出所：筆者作成

ら三段階までの低所得者が減額対象で自己負担分を減額し、その減額分を介護保険会計から「補足給付」する制度が創設されました。

当初は年金等の所得に着目するだけでしたが、二〇一五年度改定で所得に加えて資産にも着目し預貯金一〇〇〇万円以下が給付の対象と厳格化されました。

二〇二一年度改定は特に第三段階を二階建化し、補足給付が月二万二〇〇〇円減額され、その分負担増となる対象者が出ることとなりました。所得要件を引き下げ、預貯金も単身者の場合五〇〇万円以下と五五〇万円以下で細かく分けました。預貯金の限度額がこれまでの半分の額になることで、補足給付による減額対象から外れ、第四段階（全額自己負担）となるケースが増加することになりました。

特に夫婦世帯で在宅と施設に分かれて暮らす場合、在宅で暮らす配偶者の生活への影響が大きくなり在宅で暮らす配偶者の生活が成り立たないことから、特養ホームへの入所申し込みを断念せざるを得ない状況も生じています。

（3）新設されるのは高嶺の花たる有料老人ホーム

二〇二〇年七月に発表された21・老福連「全国老人ホーム施設長アンケート」でも、二〇一五年の制度改定以降で「支払い困難を理由に退所した事例」が一一三件あったとの結果が報告されまし

資料2-3-13　有料老人ホームの折り込みチラシ

た（本書九七ページ参照）。今後も月々の支払いの資金が底をつき、あるいは負担増改定のつど、入所者が特養ホームを退去するという状況が発生し、行き場のない「介護難民」が現実となるといえます。

　最近の傾向では、老人福祉法に規定された特養ホームに代わって盛んに開設されているのは、有料老人ホームやサービス付き高齢者向け住宅等有料老人ホームです。特に都市部とその周辺地域では、有料老人ホームやサービス付き高齢者向け住宅の開設が進んでいます。一般的なイメージとして、有料老人ホームは高嶺《たかね》の花と思われています。

　中には高級を売りとしている施設もありますが、生活保護受給者も受け入れて入居者を確保する有料老人ホームもめずらしいことではありません。老人ホームの宣伝チラシが新聞に折り込まれ、盛んな入居宣伝が日常的となっています（資料2－3－13）。

　実態ははっきりしませんが、二〇〇九年に群馬県の高齢者施設「たまゆら」で起きた火災事件は、老人ホームとしての届出がされていない施設に都内の福祉事務所から生活保護受給の高齢者が入所していて、犠牲となった事件でした。十数年を経て、新たな形で「たまゆら」が登場してきたともいえます。

かつて一九七〇年代米国の老人ホーム問題（劣悪な介護実態が社会問題化した）が日本でも現実になってきたといえるのではないでしょうか。[*2]

五〇年近く前の米国のスキャンダルを、日本がまねをする必要はありません。あらためて利用者本位に、個人の責任に矮小《わいしょう》化しないで公的な責任で国民の税金を適正に活用した「介護難民」を出さない福祉・介護システムを、国民的課題として早急に創り出していくことが、高齢期の国民だけではない「国民本位の」全世代型福祉制度が求められているといえます。

注

＊1　「東京都内特別養護老人ホーム人員配置調査」3、集計結果の概要、施設種別ごとの平均常勤換算数3頁（東京都高齢者福祉施設協議会、二〇二二年六月）

＊2　岡本祐三「アメリカの老人医療と福祉」1〜16頁（海外社会保障情報№89、一九八九年一二月、社会保障研究所　第一法規出版）

第3章　老後を自己責任にしない考え方

第1節　日本における高齢世帯の貧困とは

――その現実と最低生活保障のアイディア

唐鎌直義

一　増加し続ける貧困高齢者

今の日本に貧困な高齢者はどれくらい存在しているのか、官庁統計を使って推計することを続けてきました。その際、常に問題と感じるのが貧困を測定する基準です。この点について、些《いささ》か私見を述べさせていただきます。

日本では貧困測定基準として、生活保護制度の生活扶助基準を用いる研究者が圧倒的に多いのです。しかし、日本の生活保護制度は生活扶助以外に七つの扶助が設けられていて、その全体を通じて「最低生活の保障」が果たされる仕組みになっています。この点が最低生活費の保障という役割に特化した欧州先進諸国の公的扶助制度と大きく異なります。ここから、生活扶助によって実現される所得保障としての「最低生活費」と、生活保護制度が保障している「最低生活」との間にかなりのズレが生ずることになります。不等号で示すならば、

「生活扶助の最低生活費≧生活保護の最低生活」

という関係で表わせます。日本の場合、生活扶助基準による貧困の測定は貧困世帯の量を過小に評価することに帰結します。[*1]

私は「実質的生活保護基準」という独自の基準を設けて貧困を測定してきました。具体的には、高齢者の単身世帯で年収一六〇万円（月収一三万三三三三円）以下を貧困と捉えてきました。生活保護問題を追究しているマスコミ関係者などから、「この基準は高すぎるのではありませんか」という質問をしばしば受けます。「F市で取材中、生活保護の受給者にいくら受給しているのか尋ねると、大体月額一〇万円くらいと答える人が多いので」というのが典型的な質問内容です。そうした質問を受けた際には、「生活保護を受けていない世帯が、現に生活保護を受けている世帯と同等の生活を送るためにはいくら必要かを考えなければなりません」と返答してきました。また「生活保護基準は〝可処分所得〟ですが、貧困を測定する際の高齢者の所得は〝実収入〟なので、直接税や社会保険料の負担が含まれています。だからその分、測定基準を高く設定しなければなりません」と返答してきました。高齢者の貧困を測定するに先立って、「実質的生活保護基準」で測定す

る理由について、その背景的事情をより具体的に説明します。

（1） 実質的生活保護基準

資料3―1―1は、八扶助別にみた一被保護世帯当たりの平均受給額を六年間の推移として示したものです。

年間の生活保護費の支給総額を一か月当たりの平均被保護世帯数で割って、「被保護世帯一世帯当たりの年間平均受給額」を求めると、表に示したように二〇一六年度現在二二六万九五一〇円となっています。安倍政権（当時）による生活扶助基準の引下げによって、平均受給額が徐々に低下してきました。この受給額は総平均ですから、この数値から被保護世帯の受給事情（ケース実態）を推測することはできません。そうした具体性は欠けているものの、この二二六万円余という平均値が、生活保護の実際の給付水準と全く関係ないフィクションの数字と断定することはできません。

なぜならば、被保護世帯数に占める各扶助の受給世帯数を受給率として算出してみると（資料3―1―1の最右欄参照）、生活扶助費の受給率（八八・三パーセント）が最も高いのは当然として、医療扶助費の受給率（八七・三パーセント）も住宅扶助の受給率（八四・八パーセント）もほぼ同程度の高さになっています。生活扶助の受給者は医療扶助と住宅扶助も併給している割合がかなり高いことを意味します。生活保護制度は通常、生活扶助の受給が中核となって、そこに衛星状に七つの

資料3-1-1　8扶助別にみた1被保護世帯当たりの平均受給額の推移

年	2010	2012	2014	2016	受給率(16年)
医療扶助費	129万7,215円	124万6,252円	125万1,314円	127万0,328円	87.3%
生活扶助費	92万0,464円	86万2,068円	84万9,452円	81万7,002円	88.3%
住宅扶助費	42万8,411円	40万6,871円	42万9,610円	42万8,422円	84.8%
介護扶助費	29万8,722円	28万9,457円	27万7,249円	26万0,648円	20.6%
教育扶助費	19万2,755円	19万0,032円	19万3,141円	19万5,552円	5.5%
生業扶助費	23万9,962円	23万3,135円	23万2,592円	22万7,114円	2.7%
葬祭扶助費	249万8,201円	245万3,364円	227万5,949円	226万1,651円	0.2%
出産扶助費	282万6,586円	301万5,309円	277万0,074円	259万1,584円	0.009%
総額	236万1,357円	231万1,724円	228万3,020円	226万9,510円	

注1：表中の「受給率」とは、生活保護受給世帯数に占める各扶助の受給世帯数の割合を意味する

注2：2018年度の統計が最も新しいが、8扶助の支給額が計上されているのは2016年度が最新である

出所：国立社会保障・人口問題研究所『「生活保護」に関する公的統計データ一覧』(2021年3月30日更新）シートNo.2（扶助別被保護世帯数の年次推移）およびシートNo.22(扶助別保護費の年次推移)より筆者作成。www.ipss.go.jp/s-info/j/seiho/seiho.asp 参照

扶助が付加される構造と理解されてきました。しかし、実態はそうではないことが判明します。実際には医療扶助も住宅扶助も生活扶助と同じ保護の中核部分にあると見なすべきです。ここから、生活扶助基準で貧困を測定することは現実との乖離《かいり》が大きいということになります。

　これはあくまでも私の推計ですが、被保護世帯の七五パーセント程度の世帯は、生活扶

助費と医療扶助費、住宅扶助費の三扶助を併給していると考えてよいでしょう。その理由は、生活扶助を受けていない被保護世帯という一見不思議な存在が一一・七パーセント存在しているからです。これは医療扶助を単給で受給している世帯と考えられます。原則として医療扶助だけが単給を認められているからです。この医療扶助単給世帯数を医療扶助受給世帯数から差し引くと、生活扶助と医療扶助を二種併給している世帯数を導くことができます。その比率は被保護世帯総数の七五・六パーセントとなります。原則として医療扶助以外には単給は認められていないので、住宅扶助の受給世帯はその全てが生活扶助との二種併給世帯と考えられます。

被保護世帯全体の七五パーセントを占める三扶助併給世帯の保護支給額が総平均二二六万九五一〇円（月額一八万九一二六円）という数値に反映されているわけです。しかも被保護世帯の単身化が進み、二〇一六年度現在の平均世帯員数は一・一〇人です。二二六万円はほぼ単身世帯の平均受給額と考えて差し支えないでしょう。しかし、ここでは〇・一〇人分をカットして、年収二〇〇万円（月額一六万六六六六円）を高齢単身世帯の平均受給額と想定します。このように、生活扶助基準（単身世帯で年収一二〇万円前後）で貧困を測定することは机上の論理にすぎず、保護行政の現実を軽視していると言わねばなりません。

言及するまでもありませんが、生活扶助費の平均額（年間八一万七〇〇〇円余）は生活扶助基準とは別物であることにご注意ください。生活扶助は「生活扶助基準と受給世帯の実収入との差額部分を支給するもの」です。平均額は現に支給された差額の総平均のことです。これに対して生活扶助基準は、全く収入のない受給者に満額支給された場合の金額のことを意味します。

貧困測定基準を年収一六〇万円に設定することに、特段合理的根拠はありません。一二〇万円と二〇〇万円の中央値を採用したにすぎません。以上の分析からこの基準が「現実に照らして高すぎる基準」とか「貧困率を高く出そうとする作為的な操作」ではないことが立証できたのではないでしょうか。二〇〇万円で測定しても、それほど逸脱した推計とは思われません。ただし、実際には貧困高齢者の生活事情は様々であり、重い疾患を抱えて入退院を繰り返している人もいれば、健康な人もいます。家賃の滞納に苦しむ人もいれば、持ち家で家賃が不要な人もいます。一概に医療扶助費や住宅扶助費を生活扶助費に上乗せして貧困測定基準にすればよい、という単純な話ではありません。だから二〇〇万円ではなく、一六〇万円に落ち着いたということです。

高齢単身世帯一六〇万円という貧困測定基準は、イギリス貧困研究の泰斗チャールズ・ブースに倣《なら》って、社会科学者として「アービットラリー（arbitrary ＝恣意《しい》的に）決めた基準」であると言っておきます。少なくとも、生活扶助基準で測定するよりは生活保護の現実に近づいた基準と言えるでしょう。

（2）高齢者のいる世帯の貧困率

資料3－1－2は「六五歳以上の高齢者のいる世帯」に関して、世帯構造（世帯類型）別に貧困率を推計したものです。一二年間の推移を見てみました。

高齢者のいる世帯（計）では、貧困率は最新の二〇二一年で二三・一パーセントに達しています。およそ四軒に一軒が実質的生活保護基準以下の所得で生活しています。二〇一五年の貧困率と比較すると三・二ポイント低下していますが、一二年間の趨勢《すうせい》として高齢者のいる世帯の貧困率は高止まり状態にあると見てよいでしょう。世帯数にして推計六三二万九〇〇〇世帯（対二〇一五年比で四〇〇〇世帯増）、高齢者数にして推計七八八万一〇〇〇人（同九万人減）が貧困状態にあります。全高齢者数（三五八八万人）に占める貧困高齢者数の割合は二二・〇パーセントです。公的年金制度等の社会保障制度が存在する先進工業国で、これほどまでに高齢者の貧困が放置されている国は日本だけでしょう。

これを「公的に救済された貧困世帯」数という意味で、生活保護受給高齢者世帯の数九〇万七六七三世帯（二〇二一年一〇月）と比べてみると、その存在の大量性が明確化します。生活保護によって捕捉《ほそく》（救済）されている貧困高齢者世帯は、貧困高齢者世帯全体の一四・四パーセントにすぎません。生活保護を受給している高齢者の周囲には、実にその約六倍もの貧困高齢者が存在しているのです。そうした保護から漏れ落ちている貧困高齢者世帯の大量な存在が、生活保護を受給せずに生活している貧困高齢者と生活保護受給高齢者を分断する作用を果たしています。この分断が、繰り返される生活保護バッシングの温床になっています。先ほど述べた「最低生活費の保障」と「最低生活の保障」のズレが、被保護世帯と貧困高齢者世帯の生活水準の逆転現象をもたらす原因

資料3－1－2　65歳以上の高齢者のいる世帯の貧困率等の変化

	貧困率(%)			貧困世帯数(万世帯)			貧困高齢者数(万人)		
	2009年	2015年	2021年	2009年	2015年	2021年	2009年	2015年	2021年
男の単独世帯	33.4	41.6	36.0	42.9	81.1	95.5	42.9	81.1	95.5
女の単独世帯	56.1	55.9	52.3	187.6	240.1	249.8	187.6	240.1	249.8
夫婦のみ世帯	20.7	18.1	13.7	124.0	135.4	133.3	223.1	243.7	239.9
単親＋未婚子の世帯	27.3	27.9	25.6	38.0	49.9	54.9	38.0	49.9	54.9
夫婦＋未婚子の世帯	16.5	18.1	12.6	38.7	51.7	39.5	69.7	93.1	71.1
三世代世帯	8.2	11.0	9.8	38.8	31.8	23.6	58.2	47.7	35.4
その他の世帯	16.3	17.3	14.4	36.7	41.5	35.3	36.7	41.5	41.5
高齢者のいる世帯計	25.2	↗26.3	↘23.1	506.7	↗631.5	→631.9	656.2	↗797.1	→788.1

注１：貧困測定基準（実質的生活保護基準）：１人世帯年収160万円、２人世帯同226万円、３人世帯同277万円、４人世帯同320万円

注２：単独世帯と夫婦のみ世帯以外の各世帯類型の平均世帯員数の想定：単身＋未婚子世帯とその他の世帯の平均世帯員数を2.0人、夫婦＋未婚子世帯の平均世帯員数を3.0人、三世代世帯の平均世帯員数4.0人と想定して測定した

注３：単独世帯と単親＋未婚子の世帯以外の各世帯類型の高齢者数の想定：夫婦のみ世帯、夫婦と未婚子の世帯の平均高齢者数を1.8人、三世代世帯の平均高齢者数を1.5人、その他の世帯の平均高齢者数を1.0人と想定した

出所：厚労省「国民生活基礎調査」（平成21年版）所得票の第85表、世帯票の第82表、同（平成26年版）所得票の第99表、世帯票の第82表、同（令和元年版）所得票の第109表、世帯票の第107表より筆者作成。https://www.e-stat.go.jp>stat-search>files

の一つとなっていて、被保護世帯へのバッシングへとつながっているのです。一〇〇パーセントから捕捉率一四・四パーセントを差し引いた値八五・六パーセントのことを生活保護の漏救率と言います。公的扶助の漏救率がこれほど高い先進工業国は、日本以外には存在しません。アメリカの方がマシです。

世帯構造別（資料3－1－2）に見ると、依然として女性の高齢単独世帯の貧困率が突出して高いのです。五二・三パーセントとその半数以上が貧困状態にあります。近年、

男性の高齢単独世帯の貧困率が上昇傾向にあり、二〇一五年にはついに四一・六パーセントに達しましたが、二〇二一年は三六・〇パーセントと少し下がっています。しかし、高齢者世帯が急増しているので、比率の低下が貧困高齢単独世帯数の減少に結びつくわけではありません。むしろ貧困高齢単独世帯は増加し続けています。この点に自公政権による年金引下げ政策の深刻な影響が反映されていると考えられます。

二〇一五年に比べて貧困率が大きく下がったのは、高齢夫婦のみ世帯と高齢夫婦＋未婚子の世帯です。両者共一八・一パーセントから一三・七パーセントと一二・六パーセントへ、四・四ポイントと五・五ポイントそれぞれ低下しています。しかし、世帯数で見ると夫婦世帯ではほとんど減少しておらず、高齢夫婦＋未婚子の世帯において五一万七〇〇〇世帯から三九万五〇〇〇世帯へ一二万二〇〇〇世帯減少しています。

その理由は、推論の域を出ませんが、政府による高齢者就労促進政策の推進を通じて就労高齢者が増加したためと考えられます。高齢期に夫婦で暮らせる期間は主として前期高齢期であり、後期高齢期に入ると女性でも男性でも一人暮らしの出現率が高まっていきます。高齢者の夫婦のみ世帯や高齢夫婦＋未婚子の世帯は前期高齢者の世帯形態であることが多く、世帯主の年齢が相対的に若い分、就労の機会を得やすいという事情が働きます。

同様の事情は、三世代世帯に関しても同じです。三世代世帯の貧困率は六年間に一・二ポイント低下し、世帯数は二〇一五年の三一万八〇〇〇世帯から二〇二一年の二三万六〇〇〇世帯へ、八万二〇〇〇世帯減少しました。これとは反対に、高齢単親＋未婚子の世帯で貧困率が二五・六パーセントと高率なのも、同様の事情（高齢であるほど就労機会が乏しくなる）が作用しているためと考えられます。

年金の減額が前期高齢者を中心に就労収入によってカバーされ、それが結果的に貧困率の低下につながっているとしたならば、それは煎じ詰めれば「老後における生活の自己責任」が強化された姿と言えるでしょう。たとえ少額でも就労収入と合算すれば、一見、年金の減額をカバーできているのだから良いではないかという意見もあるでしょう。しかし、就労収入が一〇〇パーセント所得の上乗せになるわけではなく、所得比例年金の一部（例えば三階部分）が支給停止になるので、老骨に鞭打《むちう》ってまで働いた意味はかなり減殺されてしまいます。このように、高齢者就労促進政策は、客観的には政府の年金原資の節約に利用されています。年金は過去の労働の成果ですが、その過去の成果で高齢者就労という現在の低賃金労働を補塡《ほてん》しているという真逆の理解も成り立ちます。高齢期就労の促進の本当の狙いは、政府による年金減額＝年金原資節約という一挙両得的な政策の遂行にあると言えるでしょう。やはり老後は、公的年金だけで「望ましい生活」を送れるようにすることが年金政策の基本に据えられなければなりません。ゴールなき就労は高齢者の心身を疲弊させるだけです。

また、高齢になればなるほど就労機会は乏しくなっていく現実を踏まえるならば、後期高齢者の貧困は就労促進政策では防止できません。「後期高齢者加給年金」のような仕組みを新たに導入するよりほか、単身後期高齢者の貧困を防止する手立てはありません。長寿化が進むなか、今後の年金政策のあり方に工夫が必要とされる重要な論点です。*2

今回のCOVID－19（新型コロナウイルス）禍は一九二九年の世界大恐慌以上の景気後退をもたらしたと言われています。すでに不安定な雇用形態で働いていた前期高齢者の多くも雇い止めに遭ったと思われます。就労で最低生活の維持へ誘導する方法は、こうした経済危機に対して甚だ無力と言えるでしょう。

これまで述べてきたことをまとめると、単身高齢者世帯（男女を問わない）、中年未婚子と同居している単身高齢者の世帯の二類型で貧困率が高いです。これら二つの類型は、いわゆる直系家族における「家」の存続という観点から見ると「変則的家族」に分類されますが、今では高齢期のごく普通の世帯形態です。高齢者のいる三世代世帯の貧困率が最も低い（九・八パーセント、二三万六〇〇〇世帯、三五万四〇〇〇人）ことを考慮するならば、日本の年金制度は個人単位の支給制度でありながらも、全ての高齢者個人の生活を保障することは実現されておらず、世代的再生産の「順調」な世帯にいる高齢者の老後を保障するに足る性格のものでしかないことがわかります。「家」の順調な継承に組み込まれた高齢者は貧困に陥りにくいということです。核家族世帯が標準的家族形態となった今、そういう三世代型高齢者は少数派に属します。六五歳以上高齢者のいる世帯の九・三パーセント（二四〇万一〇〇〇世帯）にすぎません。日本の現行公的年金制度は依然として「家」と「家族」の存続を前提とする家族内扶養の優先という後進性を色濃く反映した制度と見なせます。旧統一協会のイデオロギーが、公的年金制度のあり方にまで影響しているとは考えられません。むしろ自民党のイデオロギー自体が家制度へのノスタルジーから構築されているせいだと思われます。

二 下がり続ける「高齢者一人当たり社会保障給付費」

国立社会保障・人口問題研究所「社会保障費用統計」を見ると、高齢者関係社会保障給付費の総額を年金・医療・介護の三分野に分けて表示しています。この数値を各分野の利用者である高齢人口で割ると、分野別の「高齢者一人当たり社会保障給付費」を導くことができます。高齢人口については、総務省統計局「人口推計」を参照しました。このようにして算出した「高齢者一人当たり社会保障給付費」を時系列推移として見ると、給付水準は実際に下がり続けています。

資料3－1－3は「高齢者一人当たり社会保障給付費」の推移を三分野別に示したものです。「高齢者一人当たり年金給付費」から見ていくと、二〇一〇年の年額一七五万五六〇四円から二〇一九年の一五四万五三〇二円へ、九年間で二一万三〇二円も削減されました。引下げ幅は一二パーセントに達しています。これが目下、全国四三都道府県で一斉に提訴されている年金減額違憲訴訟

資料3－1－3　高齢者１人当たり社会保障給付費の推移

	高齢者1人当たり社会保障給付費	高齢者1人当たり年金給付費	高齢者1人当たり医療給付費	1人当たり老人福祉サービス給付費	65歳以上人口（参考）
〈実額〉					
2000年	2,413,680	1,777,355	693,492	396,138	2,204
2005年	2,405,598	1,755,221	582,891	512,139	2,576
2010年	2,411,286	1,755,604	550,005	529,197	2,948
2011年	2,427,139	1,745,287	558,460	536,315	2,975
2012年	2,406,681	1,718,454	558,566	552,864	3,079
2013年	2,371,260	1,680,567	563,401	563,391	3,190
2014年	2,307,257	1,618,567	560,260	577,318	3,300
2015年	2,301,492	1,596,823	579,710	582,763	3,387
2016年	2,275,192	1,579,144	583,343	574,666	3,459
2017年	2,269,317	1,556,919	585,152	577,980	3,515
2018年	2,272,574	1,552,026	575,040	577,786	3,553
2019年	2,285,996	1,545,302	576,457	580,649	3,589
〈指数〉					
2000年	99.4	101.8	124.2	73.9	74.1
2005年	99.1	100.6	104.4	95.5	86.6
2010年	99.3	100.6	98.5	98.7	99.1
2011年	100.0	100.0	100.0	100.0	100.0
2012年	99.2	98.5	100.0	103.1	103.5
2013年	97.7	96.3	100.9	105.0	107.2
2014年	95.1	92.7	100.3	107.6	110.9
2015年	94.8	91.5	103.8	108.7	113.8
2016年	93.7	90.5	104.4	107.1	116.3
2017年	93.5	89.2	104.8	107.8	118.2
2018年	93.6	88.9	103.0	107.7	119.4
2019年	94.2	88.5	103.2	108.3	120.6

注：「高齢者１人当たり社会保障給付費」と「高齢者１人当たり年金給付費」は、それぞれの給付費総額を65歳以上人口で除して算出した。「高齢者１人当たり高齢者医療給付費」は、給付費総額を70歳以上人口で除して算出した。「高齢者１人当たり老人福祉サービス給付費」は、給付費総額を75歳以上人口で除して算出した

出所：国立社会保障人口問題研究所『平成29年版社会保障費用統計』第19表 高齢者関係給付費の推移（1973～2019年度）参照。www.ipss.go.jp/ss-cost/j/fsss-h29/fsss_h29.asp　参照。総務省統計局『人口推計』各年度版　第３表　年齢５歳階級、男女別人口（10月１日現在）参照。www.stat.go.jp/data/jinsui/2.html 参照

の背景にあります。
「高齢者一人当たり医療給付費」に目を転じると、二〇一〇年の年額五五万五円から二〇一九年の五七万六四五七円へ、九年間で二万六四五二円増加しました。また「高齢者一人当たり老人福祉サービス給付費」は、二〇一〇年の年額五二万九一九七円から二〇一九年の五八万六四九円へ、九年間で五万一四五二円増加しました。後二者の増加額を合計すると七万七九〇四円になります。しかしこの間、年金給付費が約二一万円減額されたので、差し引き一三万二三九八円のマイナスです。こうして一人当たり高齢者関係社会保障給付費（総額）は二〇一〇年の年額二四一万一二八六円から二〇一九年の二二八万五九九六円へ、九年間で一二万五二九〇円引下げられました。引下げ幅は五・二パーセントです。高齢者関係社会保障給付費は安倍政権の財政緊縮策の最大の草刈場だったと言ってよいでしょう。[*3]
この分析は六五歳以上人口に占める年金受給者比率と七〇歳以上人口に占める医療機関受診者比率、七五歳以上人口に占める介護保険利用者比率が九年間変化していないという想定に立脚しています。年金と医療の場合はこの想定が概《おおむ》ね妥当すると考えられますが、介護保険利用者比率だけは二〇〇〇年の発足時に比べると、現在では一・七倍程度にまで上昇しています。二〇一〇年との比較でも約一・二倍に上昇しています。これに対して、二〇一九年の一人当たり老人福祉サービス給付費は対二〇一〇年比で一・〇九倍の伸びにすぎません。介護サービスを利用している高齢者一人ひとりにとっては給付削減ということになります。「給付の自然増を避ける」という厚労省の方針は老人福祉サービス給付費も例外ではありません。医療面においても、政府によって「健康寿命を延ばす」運動が派手に展開されているのを見れば、その背後に七〇歳以上人口に占める医療機関受診者比率の上昇があるのかも知れません。もしそうであれば、一人当たり高齢者医療給付費も実質的削減だったことになります。

三　逼迫化する高齢無職世帯の家計

(1) 保護基準以下の可処分所得に喘ぐ高齢単身無職世帯

資料3-1-4は、無職の高齢単身世帯の一か月の家計収支の変化をやや長期的に捉えたものです。総務省「家計調査年報」のデータでは、高齢単身無職世帯の平均年齢は二〇〇五年七四・五歳、二〇一〇年七五・五歳、二〇一五年七六・一歳、二〇二一年七六・七歳であり、大略後期高齢者の家計といってよいでしょう。

この表を一瞥《いちべつ》してすぐにわかることは、高齢単身無職世帯の社会保障給付（ほぼ年金給付）の低位性と、それに規定された可処分所得の低位性です。その水準は、二〇二一年現在で前者一二万円

資料３-１-４　高齢単身無職世帯の主な収支項目の推移（単位：円）

	実収入	社会保障給付	実支出	消費支出	非消費支出	可処分所得	家計赤字額	持家率
2005年	122,709	112,865	154,311	144,518	9,794	112,915	31,602	76.9
2010年	133,172	123,567	157,752	146,264	11,488	121,684	24,580	76.5
2015年	117,885	107,432	156,165	144,022	12,143	105,742	38,280	80.7
2021年	135,345	120,470	144,747	132,476	12,271	123,074	9,402	81.2
2005年	100.0	92.0	125.8	117.8	8.0	92.0	25.8	
2010年	100.0	92.8	118.5	109.8	8.6	91.4	18.5	
2015年	100.0	91.1	132.5	122.2	10.3	89.7	32.5	
2021年	100.0	89.0	106.9	97.9	9.1	90.9	6.9	

注：下は実収入を100とした場合の指数
出所：総務省『家計調査年報』（各年版）第９表「高齢者のいる世帯」（世帯主の就業状態別）より筆者作成

余、後者一二万三〇〇〇円余で、これは単身高齢者の生活扶助基準を若干上回る程度です。二〇一五年段階では、それぞれ一〇万七〇〇〇円余、一〇万五〇〇〇円余でしたから、文字通り生活扶助基準スレスレだったわけです。高齢単独世帯の貧困率の高さの背景には、生活保護基準以下の公的年金受給者が多数存在している現状があります。

各年の実収入を一〇〇とした指数表示を見ると、実支出のみならず、消費支出までもが大きく一〇〇を超えています。つまり、公的年金給付に若干の資産収入や仕送り金を足した実収入では毎月の生活を送ることができない現状が示されています。つまり、高齢単身無職世帯の家計は恒常的な赤字家計ということです。毎月の赤字額は年によって異なりますが、大略二万四〇〇〇円〜三万八〇〇〇円です。せめて、月々赤字が出ない程度の年金額を国は保障できないものでしょうか。資料３-１-４に示されている消費支出の金額（月額一三万円程度）が年金の最低保障の一つの目安になるでしょう。

実収入から非消費支出を差し引いた可処分所得は、実収入の九割程度しかありません。対消費支出比では約八割にまで低下してしまいます。ここから預貯金の取り崩しやクレジット購入による支払いの先送り、キャッシング（借金）等でやり繰りしなければならない単身高齢者の金銭事情が浮かび上がってきます。一般に高齢者の貯蓄水準は高いと言われていますが、それはあくまでも平均値での話であって、貯蓄ほど個人間格差、世帯間格差が激しいものはありません。低年金高齢者の場合、貯蓄ゼロの人も少なくありません。低水準に固定された年金で生活する老後は、クレジット破産の危険と隣り合わせである可能性が高いのです。「過払い金」（払い過ぎた利息）の相談を専門とする法律事務所が派手なテレビCMを流し続けるのも、いかに高齢者の借金依存が恒常化しているかを物語っています。

二〇二一年の数値（特に社会保障給付）を見ると、二〇一二年以降続いてきた年金引下げ政策が一転緩和されたかのように見えます。しかし、これは調査対象世帯の変質のせいではないかと思われます。資料3―1―4の最右欄に「家計調査年報」に明記されている高齢単身無職世帯の持ち家率を併記しておきましたが、二〇〇五年の七六・九パーセントから二〇二一年の八一・二パーセントにまで大きく変化しています。特に二〇一〇年以降の上昇傾向が著しいのです。調査対象世帯が相対的に余裕のある持ち家の高齢者にシフトしてきたことを意味しています。年金生活になって家賃を払う必要がある人とない人の経済格差は大きいのです。この間、高齢単身無職世帯の持ち家率にこれほど大きな変化が起きたとは考えられません。事実、内閣府「高齢社会白書」によれば、高

資料3－1－5　高齢夫婦無職世帯の主な収支項目の推移（単位：円）

	実収入	社会保障給付	実支出	消費支出	非消費支出	可処分所得	家計赤字額	持家率
2005年	223,821	213,597	265,835	239,416	26,418	203,961	42,014	89.9
2010年	223,757	208,080	264,949	234,555	30,393	193,364	41,192	90.7
2015年	213,379	194,874	275,705	243,864	31,842	181,537	62,326	92.7
2021年	237,988	214,530	260,094	228,305	31,789	206,199	22,106	91.5
2005年	100.0	95.4	118.8	107.0	11.8	91.1	18.8	
2010年	100.0	93.0	118.4	104.8	13.6	86.4	18.4	
2015年	100.0	91.3	129.2	114.3	14.9	85.1	29.2	
2021年	100.0	90.1	109.3	95.9	13.4	86.6	9.3	

注：下は実収入を100とした場合の指数
出所：総務省「家計調査年報」（各年版）第９表「高齢者のいる世帯」（世帯主の就業状態別）より作成

齢単身世帯の持ち家率は二〇一八年現在六六・二パーセントとなっています。総務省「家計調査年報」のサンプル世帯との間には一五ポイントもの差があります。高齢者世帯の中で最も持ち家率の低いのが単身世帯です。作為的なデータ操作（統計偽装）とは思いたくありませんが、総務省は実態に合わせたサンプルの収集義務があるのではないでしょうか。

（2）重い公租公課負担に喘ぐ高齢夫婦無職世帯

資料3－1－5は、高齢夫婦無職世帯の一か月の家計収支の変化を高齢単身無職世帯と同様に見たものです。本節の趣旨からすれば、世帯主が有業の世帯を含む高齢夫婦世帯の家計収支を見るべきですが、「家計調査年報」では高齢夫婦世帯に関するデータは支出のみで、収入データは記載されていません。それでは分析不能になるので、ここでは限界があることを認識しつつ、高齢夫婦無職世帯のデータを見ることにします。

高齢夫婦無職世帯の場合も、高齢単身無職世帯とほぼ同様の傾向を指摘できます。すなわち、実支出と消費支出が実収入を上回る赤字家計に陥っていること、可処分所得では消費支出をまかない切れないこと、不足分が貯蓄の取り崩しやクレジット購入等で補われていることです。ただ、高齢単身無職世帯に比べると、全体的に家計逼迫《ひっぱく》の度合いが低いことが特徴です。実収入と消費支出がほぼ拮抗《きっこう》している年もあります。

しかし最も大きく異なる点は、可処分所得の対実収入比が高齢単身無職世帯よりも一段と低い点です。これは高齢夫婦無職世帯に課せられている非消費支出（公租公課負担）がかなり重いことを物語っています。年によっては実収入の一五パーセント近い公租公課が徴収されています。しかも近年、その負担度が漸増傾向にあります。年収二七〇万円前後の無職の高齢夫婦世帯に一五パーセント近い税・社会保険料負担を課し、その可処分所得を保護基準スレスレの水準にまで低下させることは、高齢者政策として理にかなうことでしょうか。「世代間の公平」を政策の指針に置いたために、高齢者世帯への風当たりが強くなりすぎてしまったようです。知らず知らずのうちに、歯止めのきかない事態にまで踏み込んでしまっているように見えます。

また、高齢夫婦無職世帯に関しても、二〇二一年のデータを見る限り、年金引下げ政策が緩和されたかのように見えます。しかし、これも前項で指摘したように、相対的に豊かな持ち家層にシフトしてデータを収集している疑惑があります。内閣府「高齢社会白書」によれば、高齢夫婦世帯の持ち家率は二〇一八年現在八七・四パーセントですが、総務省「家計調査年報」の方は四・一ポイント高い九一・五パーセントとなっています。総務省はデータを集める際に、実態を正確に反映するように努力するべきです。こうした傾向が続くならば、政府統計への信頼は失墜します。何よりも高齢者の生活実態に関して、厚労省と総務省、内閣府の間で大きな認識の齟齬《そご》があってはならないでしょう。現実を糊塗《こと》することを止め、間違った認識に基づいて福祉政策が遂行される可能性を恐れるべきです。統計偽装は民主主義崩壊への一里塚と言われています。正しい社会保障政策は、実態の正確な把握からしか導かれません。

（3）消費税率引上げの影響

高齢者一人当たり年金給付費の引下げによって、高齢者の受け取る年金収入は大幅に低下しました。二〇一一年から二〇一九年の間に一・四か月分の年金給付費が削り取られました。その一方で、高齢者世帯が負担する公租公課、とりわけ社会保険料（健康保険料と介護保険料）負担が増加し、高齢者世帯の消費の節約と貯金の取り崩しが進みました。この収支両面にわたる多方向からの攻撃によって、高齢者の家計は逼迫化の様相を強めています。その状況にさらなる一撃を加えているのが消費税率の段階的引上げです。

資料3－1－6は、これまでの公租公課（非消費支出）に、推計によって算出された消費税負担

資料３-１-６　消費税率の引上げによる高齢無職世帯の公租公課負担の上昇

〈単身世帯〉実額	年間消費税額（A）	年間直接税額（B）	年間社会保険料（C）	実質公租公課負担額（D＝A＋B＋C）	平均年間収入（E）
2013年度（５％）	74,658円	73,488円	70,860円	219,006円	1,524,420円
2017年度（８％）	115,272円	79,836円	71,400円	266,508円	1,399,188円
2021年度（９％）	119,340円	72,672円	73,896円	265,908円	1,624,140円
負担率	消費税負担率（A/E）	直接税負担率（B/E）	社会保険料負担率（C/E）	実質公租公課負担率（D/E）	
2013年度（５％）	4.90％	4.82％	4.65％	14.37％	
2017年度（８％）	8.24％	5.71％	5.10％	19.05％	
2021年度（９％）	7.35％	4.47％	4.55％	16.37％	
〈夫婦世帯〉実額	消費税額（A）	直接税額（B）	社会保険料（C）	実質公租公課負担額（D=A+B+C）	平均年収（E）
2013年度（５％）	129,948円	151,488円	206,388円	487,824円	2,578,356円
2017年度（８％）	196,524円	140,460円	197,796円	534,780円	2,510,376円
2021年度（９％）	210,792円	152,124円	229,056円	591,972円	2,855,856円
負担率	（A/E）	（B/E）	（C/E）	（D/E）	
2013年度（５％）	5.04％	5.88％	8.00％	18.92％	
2017年度（８％）	7.83％	5.60％	7.88％	21.30％	
2021年度（９％）	7.38％	5.33％	8.02％	20.73％	

注：年間消費税額は「消費支出－（住宅費のなかの家賃地代＋保健医療費のなかの医薬品＋保健医療サービス）」×消費税率（5/105 と 8/108、9/109）で算出した月額消費税を 12 倍して導いた。なお、2017 年度の平均消費性向は高齢単身無職世帯＝129.8、高齢夫婦無職世帯＝129.9 であった。2021 年度の平均消費性向は高齢単身無職世帯＝107.6、高齢夫婦無職世帯＝110.7 となっていて、どちらも 20 ポイント程度低下している。消費税をはじめとする諸負担の増加により、高齢者の消費抑制が強まったためである

出所：総務省「家計調査年報」（平成 25、29、令和３年度版）。年間消費税額以外の金額は総務省ホームページより引用

額を加えて、高齢無職世帯の実質的な公租公課負担額をトータルに捉えたものです。消費税率が切り替わる前年の「家計調査」データを用いて、五パーセント時と八パーセント時の消費税負担額を算出しました。二〇一九年から消費税率は一〇パーセントに引上げられましたが、軽減税率（八パーセント）が適用される場合があるので、一律九パーセントと想定して算出しました。

消費税率五パーセントの時代は一九九七年四月から二〇一四年三月まで、比較的長く一七年間続きました。八パーセントに引上げられた二〇一四年四月以降、消費税の持つ逆進性が牙を剝《む》き出し始めました。五パーセント時代、「社会保障・社会福祉の拡充のためには消費税率の引上げはやむを得ない」と主張する研究者は非常に多かったのです。というよりも、そう言わない政党や知識人はマスコミから「無責任」のレッテルを貼られました。その理由は、消費税率は一律なので、表面的には公平な税制と誤解されていたからです[*4]。そうした世論の誘導によって、八パーセントへの引上げが実施された結果、消費税負担率（実収入に占める消費税額の割合）は低所得世帯ほど顕著に上昇することになりました。

なぜ低所得世帯では本来の消費税率を超えるような負担率で消費税を支払うことになるのでしょうか。それは低所得であるために、実収入だけでは生きるのに必要不可欠な消費財を購入できないからです。その不足分を預貯金の取崩しやローン、キャッシング等の実収入以外の収入によってカバーせざるを得ないからです。「低所得者は分に応じた生活をすればいいのではないか」とは言えません。なぜならば、それは低所得の人々に生きることをあきらめなさいと言うに等しいからです。

資料３－１－７　実質公租公課負担額の中で消費税の占める割合（高齢無職世帯、単位：％）

	消費税	直接税	社会保険料	実質公租公課負担(計)
〈単身世帯〉…消費税過重型				
2013年度	34.1	33.5	32.4	100.0（219,006円）
2017年度	43.2	30.0	26.8	100.0（266,508円）
2021年度	44.9	27.3	27.8	100.0（265,908円）
〈夫婦世帯〉…社会保険料過重型＋消費税過重型				
2013年度	26.6	31.1	42.3	100.0（487,824円）
2017年度	36.7	26.3	37.0	100.0（534,780円）
2021年度	35.6	25.7	38.7	100.0（591,972円）

出所：資料３－１－６から筆者作成

人間の生活にはこれ以下に下げることのできない最低限度というものが存在します。人の生に係わることを机上の考えで判断してはなりません。

消費税率が八パーセントに引上げられてから、高齢単身世帯でも高齢夫婦世帯でも急に消費税負担率が上昇しました。単身世帯では二〇一三年の四・九〇パーセントから二〇一七年の八・二四パーセントへ、夫婦世帯では同五・〇四パーセントから七・八三パーセントへ上昇しました。参考までに同時期の勤労者世帯の消費税負担率の変化を掲げると、第Ｉ十分位[*5]で二・八五パーセント→四・五五パーセント、第Ｘ十分位で二・三六パーセント→三・五三パーセント、勤労者世帯平均で二・六一パーセント→三・九二パーセントとなっています。現役勤労者と年金生活者とでは、これほどまでに消費税負担率が異なっています。消費税は高齢者泣かせ、低所得者泣かせの税制なのです[*6]。

資料３－１－７は、それぞれの世帯の実質的公租公課負担額を一〇〇パーセントとして、消費税、直接税、社会保険料の占める割合を示したものです。

高齢単身世帯では消費税の占める割合が三者の中で最も高く、しかも消費税率が上がるにつれて急激に高まっています。二〇二一年度では公租公課負担全体の約四五パーセントに達しています。この過重な負担が、商品購入という日常の行為の中で納税と意識化されにくいままに支払われているのです。高齢夫婦世帯の場合は、社会保険料の占める割合が高く四割前後を占め、二〇一四年に消費税率が八パーセントに引上げられてからは消費税の負担が直接税の負担を上回るようになりました。高齢単身世帯は消費税過重型であり、高齢夫婦世帯は社会保険料過重に消費税過重が加わった型と見なせます。

高齢者世帯に共通していることは、消費税率が一〇パーセントに引上げられて以来、平均消費性向がかなり低下していることです。単身世帯で二〇一七年の一二九・八から二〇二一年の一〇七・九へ、夫婦世帯で同一二九・九から一一〇・七へ低下しています（総務省「家計調査年報」参照）。一〇〇を切ってはいないので、貯蓄の取り崩しの度合いが低まったという意味なのですが、これは高齢者世帯の家計行動が消費抑制に転じたことを意味しています。その詳しい分析は別途行わなければなりませんが、高齢者世帯で消費を犠牲にして貯蓄を防衛する動きが始まったということです。

四　政府の「高齢者優遇」論の誤り

これまで述べてきたような高齢者世帯に対する全面同時多発的な経済的攻撃は、政府の持論である「高齢者優遇」論（世代間不公平論）によって導かれています。現役世代に比べて高齢者世代は社会保障の給付面などで優遇されてきたから、その給付水準を引下げても構わないし、社会保険料や消費税など諸負担を引上げても構わないという考え方です。比較対象である現役世代の生活が社会保障によって十分に守られているかどうかは一切問いません。もし、現役世代の社会保障水準が劣悪であったならば、そこととの比較において給付を引下げられ負担を引上げられる高齢者はたまったものではありません。その論理の行き着く先は、国民全体にとっての社会保障の後退（全世代型低社会保障）です。そうした論理破綻の政策が、あたかも合理性があるかのように粛々と推し進められているのが現状なのです。

資料3－1－8は、その点を検証するために、日本を含む先進工業国六か国の中で、日本の高齢関連社会支出（三分野）がどのようなレベルにあるかを国際比較したものです。

高齢分野（老齢年金と介護サービス）に関しては、日本は六か国中五位。しかも、英・米二か国

資料3-1-8　高齢関連3分野の国民1人当たり社会支出額の国際比較（2017年）

1人当たり　社会支出額（実額、USドル）						
	高齢関連分野 高齢	遺族	保健	小計	貧困関連分野計	社会支出合計
スウェーデン	7,853 1位	228 5位	5,570 2位	13,651 2位	9,177 1位	22,828 1位
フランス	6,983 2位	884 2位	5,305 4位	13,172 3位	4,872 3位	18,044 3位
ドイツ	5,126 3位	1,100 1位	5,499 3位	11,725 4位	5,194 2位	16,919 4位
イギリス	3,661 6位	24 6位	4,254 6位	7,939 6位	3,910 4位	11,849 6位
日本	**4,720 5位**	**650 3位**	**5,038 5位**	**10,408 5位**	**1,851 6位**	**12,259 5位**
アメリカ	4,975 4位	476 4位	11,247 1位	16,698 1位	2,364 5位	19,062 2位
構成比（社会支出全体＝100.0%）						
スウェーデン	34.4	1.0	24.4	59.8	40.2	100.0
フランス	38.7	4.9	29.4	73.0	27.0	100.0
ドイツ	30.3	6.5	32.5	69.3	30.7	100.0
イギリス	30.9	0.2	35.9	67.0	33.0	100.0
日本	**38.5**	**5.3**	**41.1**	**84.9**	**15.1**	**100.0**
アメリカ	26.1	2.5	59.0	87.6	12.4	100.0
指数（フランス＝100.0）						
スウェーデン	112.5	25.8	105.0	103.6	188.3	126.5
フランス	100.0	100.0	100.0	100.0	100.0	100.0
ドイツ	73.4	124.4	103.7	89.0	106.6	93.8
イギリス	52.4	2.7	80.2	60.3	80.2	65.7
日本	**67.6**	**73.5**	**95.0**	**79.0**	**38.0**	**67.9**
アメリカ	71.2	53.8	212.0	126.8	48.5	105.6

注：各分野の金額は、各分野の支出率に計を乗じて算出した。各分野の支出率に関するデータは、http://www.ipss.go.jp/ss-cost/j/fsss-h29/fsss_h29.asp 参照

出所：唐鎌直義「『100年安心』の虚構―減る年金を改革する」（『経済』No.331、2023年4月号、P58表2）より筆者作成

以外のスウェーデン・仏・独三か国との比較では相当水を開けられています。二〇一五年のデータでは六か国中三位でしたが、その後の年金減額政策の断行によって五位にまで後退しました。保健分野（医療サービス）も六か国中五位。二〇一五年の最下位に比べて改善されましたが、それでも優遇にはほど遠いです。遺族分野（遺族年金）だけが辛うじて三位を保っています。高齢関連三分野をトータルに捉えると、六か国中五位。現在のイギリスよりは上というレベルです。スウェーデンの四分の三、フランスの五分の四という水準です。要するに、国内における他分野との比較では、社会支出全体の八四・九パーセントが高齢関連分野に重点的に振り分けられているから優遇しているように見えますが、国際比較からは日本の高齢者が優遇状態にあるわけではないということです。

何よりも問題なのは、高齢関連三分野以外の六分野の目を覆うばかりの低位性です。断トツの最下位。この六分野は障害・労災、家族（児童）、失業、積極的労働政策、住宅、生活保護・その他から成り、現役世代の貧困除去に対応しています。これらの貧困関連六分野には社会支出全体のわずか一五・一パーセントしか充当されていません。日米以外の四か国は三〇パーセントから四〇パーセントが振り当てられています。そのレベルはスウェーデンの五分の一、フランスの約三分の一というお粗末さです。ここと比較されて優遇と判断され、水準引下げの憂き目に遭っている日本の高齢者福祉政策の現状は一体何なのかと言わねばなりません。

二〇一七年現在、日本の一人当たり国民所得は三万九五三一ドルであり、フランスのそれは三万九五九六ドルです。フランスを一〇〇・〇とすると日本は九九・八となります。人口規模（日本は

資料3-1-9　日本の社会保障の水準をフランス並みに引上げるために必要な追加費用（2017年）

高齢関連3分野	追加費用	日本円換算	実現可能な追加費用	引上げ率
高齢（年金・介護）	2,885億3,866万ドル	30兆2,965億6,000万円	30兆2,468億1,305万円	47.8%
遺族（遺族年金）	298億3,563万ドル	3兆1,327億4,195万円	3兆1,275億9,798万円	35.9%
保健（医療）	340億4,322万ドル	3兆5,745億3,889万円	3兆5,686億6,949万円	5.3%
計	3,524億1,751万ドル	37兆0,038億4,084万円	36兆9,430億8,052万円	

注1：追加費用は、分野毎の国民1人当たり社会支出の差額（フランス－日本）×日本の総人口1億2,750万2725人（2017年）で算出

注2：実現可能な追加費用は、（日本の1人当たり国民所得÷フランスの1人当たり国民所得）で算出した乗率0.998を追加費用に乗じて算出

注3：引上げ率は、{(フランスの国民1人当たり社会支出－日本の国民1人当たり社会支出)×0.998}÷日本の国民1人当たり社会支出で算出

注4：アメリカ・ドルの日本円への換算は1ドル＝105円とした。かなりの円高で計算してある

出所：唐鎌直義「『100年安心』の虚構―減る年金を改革する」（『経済』No.331、2023年4月号、P59表3）より作成

一億二七五〇万二七二五人、フランスは六七〇二万二四一一人。日本の人口はフランスの一・九倍）の違いを捨象すれば、ほぼ同程度の経済力を有する国と見なせます。国民一人当たりの経済力がほぼ同じですから、日本がフランスと同レベルの社会保障を達成することは経済的に可能であると考えられます。そのためには、現在の社会支出にどれくらいの追加費用を足せばよいか推計してみましょう（資料3－1－9）。

高齢分野（年金と介護）に三〇兆二四六八億円、遺族分野に三兆一二七五億円、保健分野に三兆五六八六億円、高齢関連三分野合計で三六兆九四三〇億円必要となります。言葉を換えれば、フランスの高齢者は日本の高齢者より

もこれほど高い社会保障にその生活を守られているということです。反対に、日本の高齢者はフランスの高齢者に比べて、これほど低い社会保障しか給付されていないということです。年金水準の引下げなど、もってのほかの所業と言わねばなりません。

これに貧困関連六分野に必要とされる追加費用（四〇兆三六四八億円）を加えると、社会支出全体で、現在の給付額に七七兆三〇七八億円追加しなければなりません。引上げ率は四七・一パーセントに上ります。日本の社会保障のこうした圧倒的な後進性を知ると、現在の日本は到底、福祉国家などとは呼べない代物であることがわかります。老後生活の安定というささやかな国民の要望でさえ実現しようとしない日本政府は、この先、日本をどのような社会へと導こうとしているのでしょうか。旧統一協会とのシンクロナイゼーションから生まれた権威主義、差別主義、家族主義の強まりは、国民の間に一層の格差と貧困、分断をもたらすでしょう。そうした社会が最終的に逢着《ほうちゃく》するのは戦争経済への道です。それはナチス・ドイツの成立と大量殺戮《さつりく》の狂気、国家崩落の歴史に刻まれています。

注

＊1　欧州先進諸国の公的扶助制度は最低生活費の保障にほぼ特化しているので、公的扶助基準を貧困測定に用いても日本のような乖離問題はほとんど生じません。

＊2　イギリスの公的扶助制度（"Income Support"所得援助制度）では、かつて高齢になるほど最低生活費が高くなる仕組みが設けられていました。「高齢加給」の仕組みです。現在では年金税額控除制度（"Pension Credit"）に移行しているので、残念ながら詳細は不明です。

＊3　年金給付額は六五歳以上人口で、医療給付額は七〇歳以上人口で、介護サービス給付費は七五歳以上人口で割って算出しています。そのために、三者を単純に合計した数値は、高齢者一人当たり給付費と一致しないことをお断りしておきます。

＊4　筆者は大学一年生の時から「タバコ税や酒税のような間接税は大衆課税なので、逆進性が強い。税は所得税のような累進性の高い直接税が基本でなければならない」という租税民主主義を耳にタコができるくらい教え込まれました。この二〇年余り、消費増税で社会保障財源を確保すべきなどと主張する「民主的」な研究者が出現することに仰天させられてきました。世の中は変わるものだなあと長嘆息しています。

＊5　世帯を所得の低い方から高い方に並べて、それぞれの世帯数が等しくなるように十等分したものを、十分位階級と言います。

＊6　民主的研究者に消費税率引上げ論者が多いのは、研究者の社会階層的な地位が、ある程度所得の高い中産階級だからです。「所得税率を上げるくらいならば消費税率の方を上げてほしい」という中産階級の自己利益の率直な表明なのです。自己の利益を社会保障の拡充という大義名分のもとに発言するから、狡知《こうち》と言わざるを得ません。偽善者の所業です。

第2節　「おひとりさま」は生き方の問題なのか
――孤立死の背景を考える

新井康友

近年、「おひとりさま」がなぜ悪い、看取られなくても私は私らしく生きるからいいのだといった、社会的地位があり、かつ、有産者からの発言が国民の関心を集めています。老後の不安を少しでも解消したいという国民の思いが反映されているのでしょう。しかし、その「自立」への処方箋は、在宅における有償サービスの活用なのです。看取る人はいらないよ、「おひとりさま」がなぜ悪いと「安心」させながら、最後は有償サービスの活用を説いて「おひとりさま」を正当化するのです。その問題はここではひとまずおきまして、孤立死を「看取る人もなく一人きりで死ぬこと」と考えている人は多いのではないでしょうか。「看取る人もなく一人きりで死ぬこと」、そこから、単独世帯の増加が問題となります。もっとも、単独世帯が増加しただけで孤立死が増加するわけではありません。さらに、マスコミ等は孤立死が起きると、死後発見されるまでの日数に注目していますます。日常生活における「会話」や「近所との交流」など「関係性の貧困」も要因として挙げられます。しかし問題は、何故そういう状態におかれていくかということでしょう。本節では、こうした問題を、「孤立死」を焦点に分析し、問題は「生き方」や「自立」といった個人的な問題ではなく、貧困化によって社会的につくり出される、まさに社会問題であること、それが、介護保険制度に象徴されているような「申請主義」や「市場原理」の下で、決して特別な人々の問題ではなくて、誰にでも起こりうる社会問題になっていることを述べていきます。

一　孤立死をどう把握するか

「看取る人もなく一人きりで死ぬこと」

今日、孤立死は全国各地で起き、社会問題になっています。内閣府「平成三〇年度高齢者の住宅と生活環境に関する調査結果（全体版）」によると、「孤立死（誰にも看取られることなく、亡くなった後に発見される死）」について身近な問題だと感じているのは、六〇歳以上の「夫婦のみ世帯」は三一・一パーセントですが、六〇歳以上の「一人暮らしの者」は五〇・八パーセントに上ります。やはり一人暮らし高齢者にとっては、孤立死は身近な問題であるということです。二〇〇八年に改訂された『広辞苑　第七版』（岩波書店）では、新語として孤独死が追加され、「看取る人もなく一人きりで死ぬこと」と説明されています。『広辞苑』に掲載されたということは、孤独死ということばが日本語として定着した証《あかし》です。しかし、孤独死や孤立死にまだ統一された定義はなく、孤独死や孤立死に類似することばとして、独居死などもあります。[*1]

孤立死は日本だけではなく、諸外国でも問題になっています。英国は「孤独は現代の公衆衛生上、最も大きな課題の一つ」として二〇一八年一月に「孤独担当大臣」を任命し、その際、孤独は一日たばこ一五本吸うことに匹敵するリスクがあると紹介されました。日本も二〇二一年二月に「孤独・孤立担当大臣」が新設されました。そして、内閣官房には「孤独・孤立対策担当室」が設置され、孤独・孤立対策に取り組むことになりました。「孤独・孤立対策担当室」が設置された背景には自殺者数の増加が関係しています。二〇二〇年には自殺者数が一一年ぶりに前年比で増加しており、特に女性や若年層の増加が見られました。

単独世帯が増加しただけで孤立死が増加するわけではない

内閣府「令和四年版高齢社会白書」によると、二〇一九年現在、六五歳以上の者のいる世帯数は二五五八万四〇〇〇世帯と、全世帯（五一七八万五〇〇〇世帯）の四九・九パーセントを占めています。一九八〇年では世帯構造の中で三世代世帯の割合が一番多く、全体の半数を占めていましたが、二〇一九年には夫婦のみの世帯及び単独世帯がそれぞれ約三割になっています（資料3－2－1）。夫婦のみの世帯は、単独世帯予備軍であり、今後さらに単独世帯が増加することが予想でき

資料3-2-1　65歳以上の者のいる世帯数及び構成割合（世帯構造別）と全世帯に占める65歳以上の者がいる世帯の割合

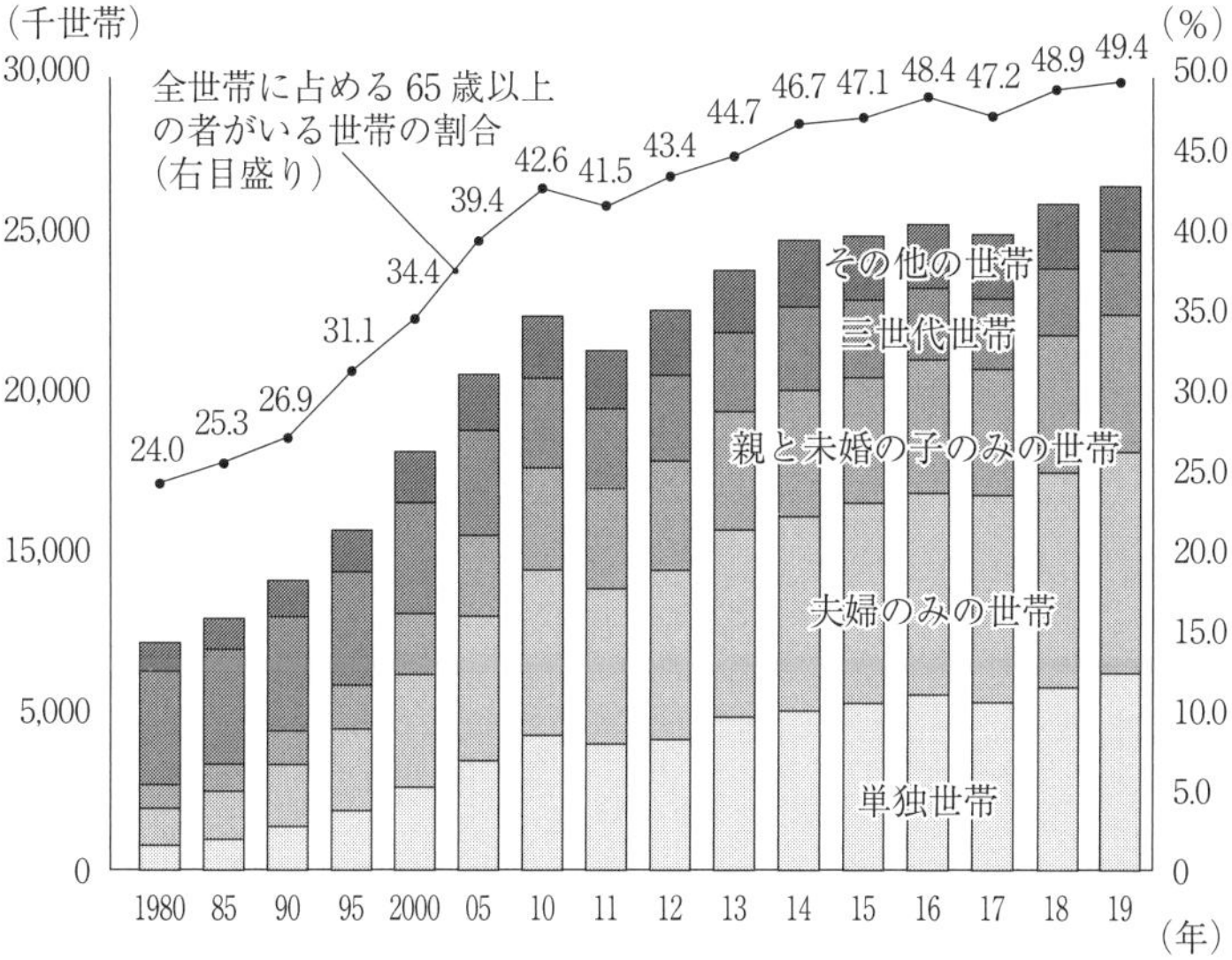

注：1995年の数値は兵庫県を除いたもの、2011年の数値は岩手県、宮城県及び福島県を除いたもの、2012年の数値は福島県を除いたもの、2016年の数値は熊本県を除いたものである

出所：1985年以前の数値は厚生省「厚生行政基礎調査」、1986年以降の数値は厚生労働省「国民生活基準調査」による

ます。しかし、単独世帯が増加しただけで孤立死が増加するわけではありません。

関係性の貧困とその影響

近年では、「経済的貧困」よりも家族・親族（血縁）や地域住民（地縁）との関係性が希薄となり、「関係性の貧困」が問題になっています。国立社会保障・人口問題研究所「生活と支え合いに関する調査」（二〇一三年七月）では、一人暮らしの六五歳以上の男性は普段の会話頻度（電話での会話を含む）が少なく、社会的孤立が心配されます。そして、六五歳未満・六五歳以上共に所得が低い人ほど毎日会話をする割合は低くなっています。

社会的孤立は、私たちの生活にさまざまな影響を与えます。例えば、食環境が死亡リスクや鬱《うつ》になるリスクなどの健康に影響を与えることが明らかになっています。共食（誰かと一緒に食事すること）より弧食（ひとりで食事をすること）の方が死亡率においてやや高い傾向があります。さらに男性の場合には、同居者がいるにもかかわらず、孤食だと死亡リスクが約一・五倍にもなることが明らかになっています。そして鬱になるリスクを比較すると、一人暮らしで孤食の男性は二・七倍、鬱になりやすいことが明らかになっています。[*2]

筑波大学・山田実氏の調査結果によると、「近所づき合いがない」「独居」「ボランティアなど社会参加をしていない」「経済的に困窮」の四項目中二つ以上が該当する六五歳以上の社会的に孤立している人のうち、約半数の人が六年後までに要支援・要介護状態になったり、亡くなったりしていたことが明らかになっています。そして、社会的に孤立している高齢者は、介護が必要になったり、死亡したりするリスクが、そうでない人より約一・七倍高いことを指摘しています。[*3]

死亡リスクだけではなく、「配偶者がいる」「同居家族間の支援がある」「友人との交流がある」「地域のグループ活動に参加している」「就労している」という社会とのつながりが豊かであれば、認知症を発症するリスクが半減していたことが明らかになっています。[*4]

資料3-2-2　孤独感について

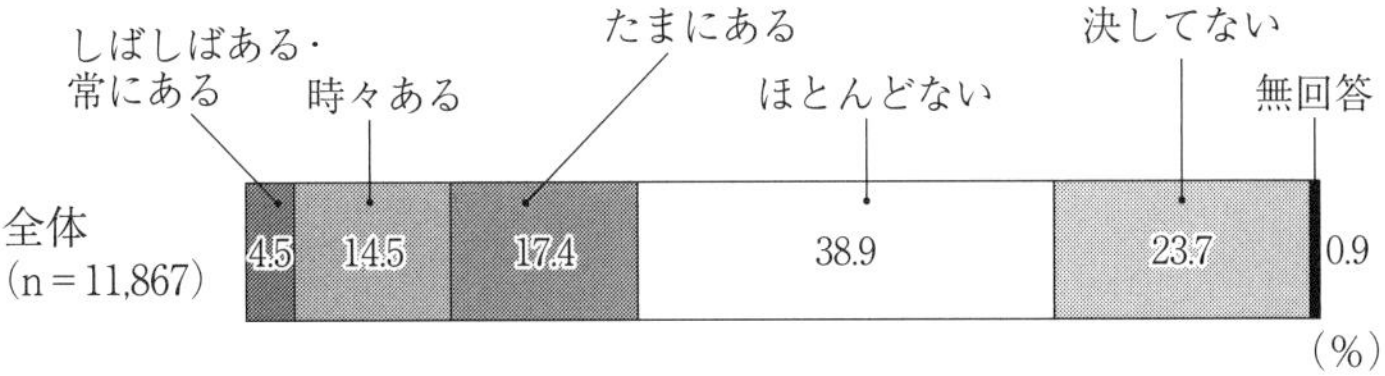

出所：内閣官房孤独・孤立対策担当室「人々のつながりに関する基礎調査（令和3年）」2022年

孤独と孤立

一人で過ごしているから孤独だとは言えません。一方、周りに大勢の人がいても孤独だと感じる人もいます。つまり、他者がその人を孤独かどうか評価することは難しく、その人が孤独と感じていれば孤独であり、孤独と感じていなければ孤独ではありません。孤独は主観的なものであり、それに対し、孤立は客観的で社会的に孤立している状態だと言えます。

内閣官房の孤独・孤立対策担当室は、二〇二一年一二月から二〇二二年一月、全国の一六歳以上から無作為に抽出した二万人を対象に調査を実施し、一万一八六七人から有効回答が得られました（回答率五九・三パーセント）。国による「孤独・孤立」の実態調査は初めて行われました。そして、二〇二二年四月八日に「人々のつながりに関する基礎調査（令和三年）」の調査結果の概要が公表されました。

「孤独だと感じることがあるか」との質問に対して「しばしばある・常にある」は四・五パーセント、「時々ある」は一四・五パー

資料3－2－3　年齢階級別の孤独感について

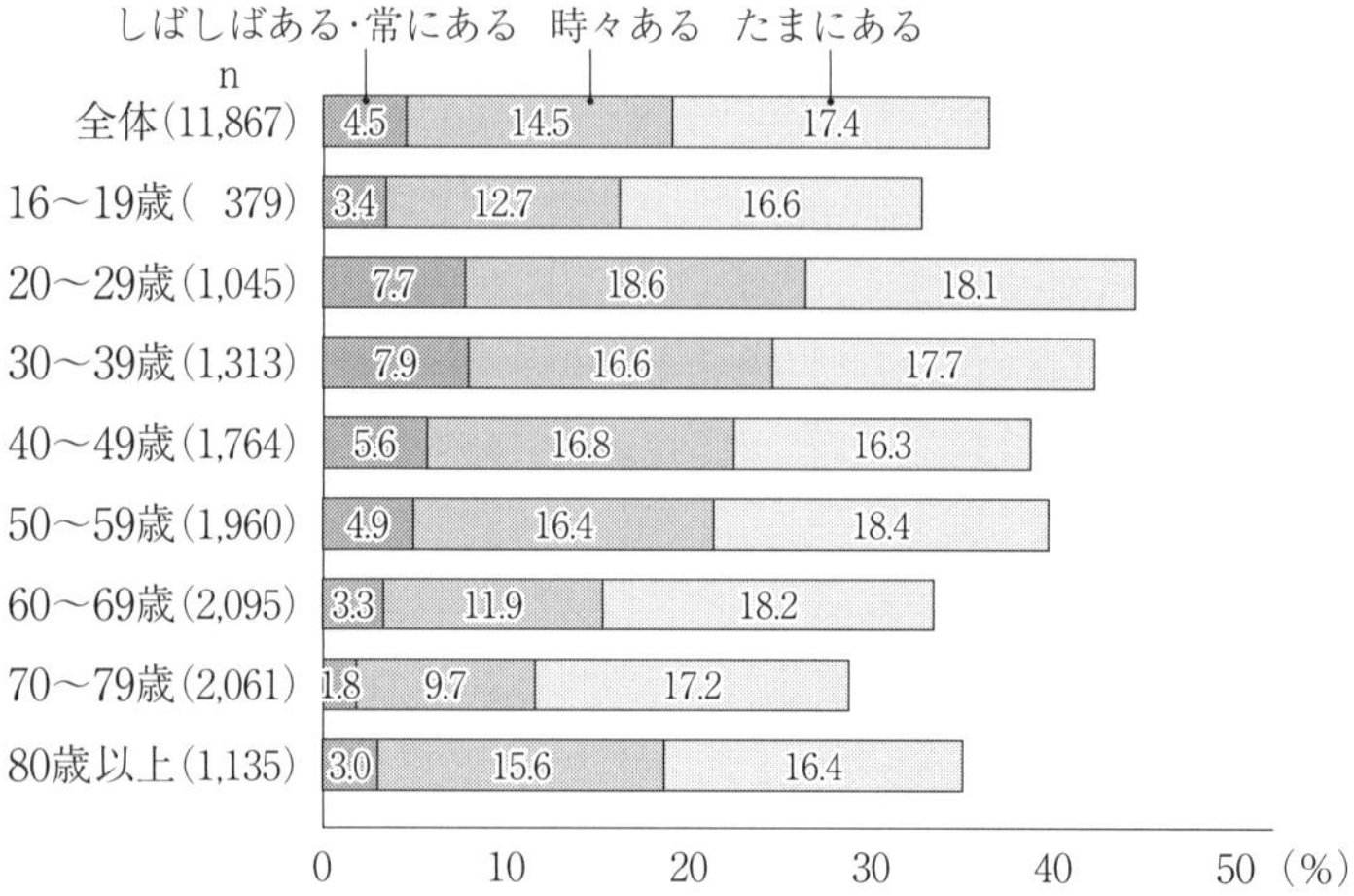

出所：資料3－2－2と同じ

セント、「たまにある」は一七・四パーセントで、約四割の人が孤独を感じていることがわかりました（資料3－2－2）。

年代別に見ると、孤独だと感じることが「しばしばある・常にある」は三〇歳代（七・九パーセント）が最も高く、二〇歳代（七・七パーセント）が続きました。一方、その割合が最も低いのは、七〇歳代で一・八パーセントとなっています（資料3－2－3）。高齢者よりも若者の方が孤独を感じていることがわかりましたが、孤独を感じている七〇歳以上の高齢者も三割程度おり、楽観視はできません。

雇用形態別では「仕事なし（失業中）」は一二・五パーセント、「派遣社員」は八・七パーセントが、孤独感が「しばしばある・常にある」と回答しています。さらに「仕事なし（失業中）」・「派遣社員」は約半数の者が孤独感を

資料３－２－４　雇用形態別による孤独感について

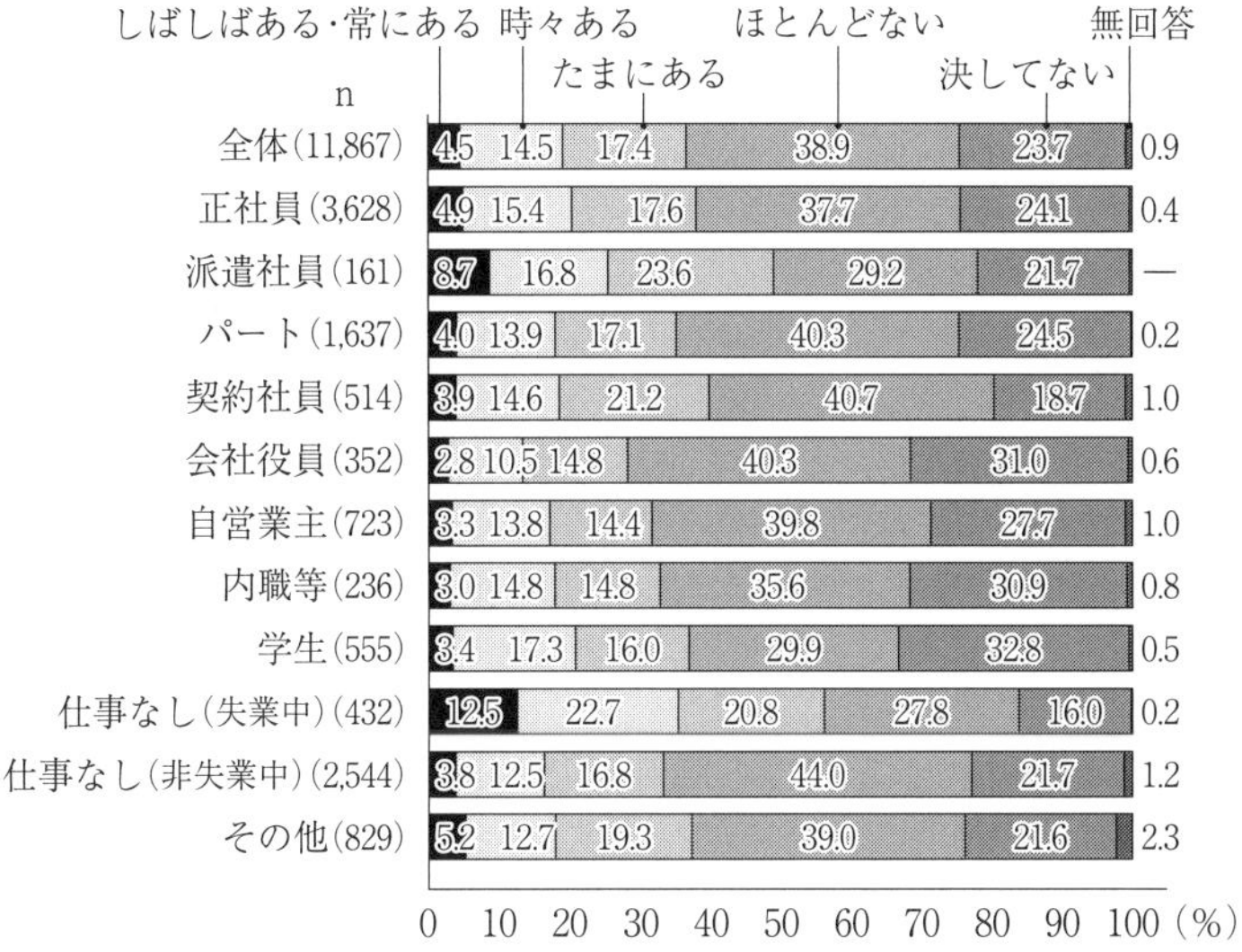

出所：資料３－２－２と同じ

感じています（資料３－２－４）。

「しばしば・常に孤独を感じる」とした人のうち、八三・七パーセントが行政やNPO（非営利組織）からの支援を受けていないと回答しています。コロナ禍による人との関わりの変化を聞くと、六七・六パーセントが人と直接会ってコミュニケーションを取ることが減ったと回答しています。新型コロナウイルス感染症の拡大により、人とのつながりが脆弱《ぜいじゃく》になったことがわかります。

資料3-2-5　孤独死発生件数（旧定義）

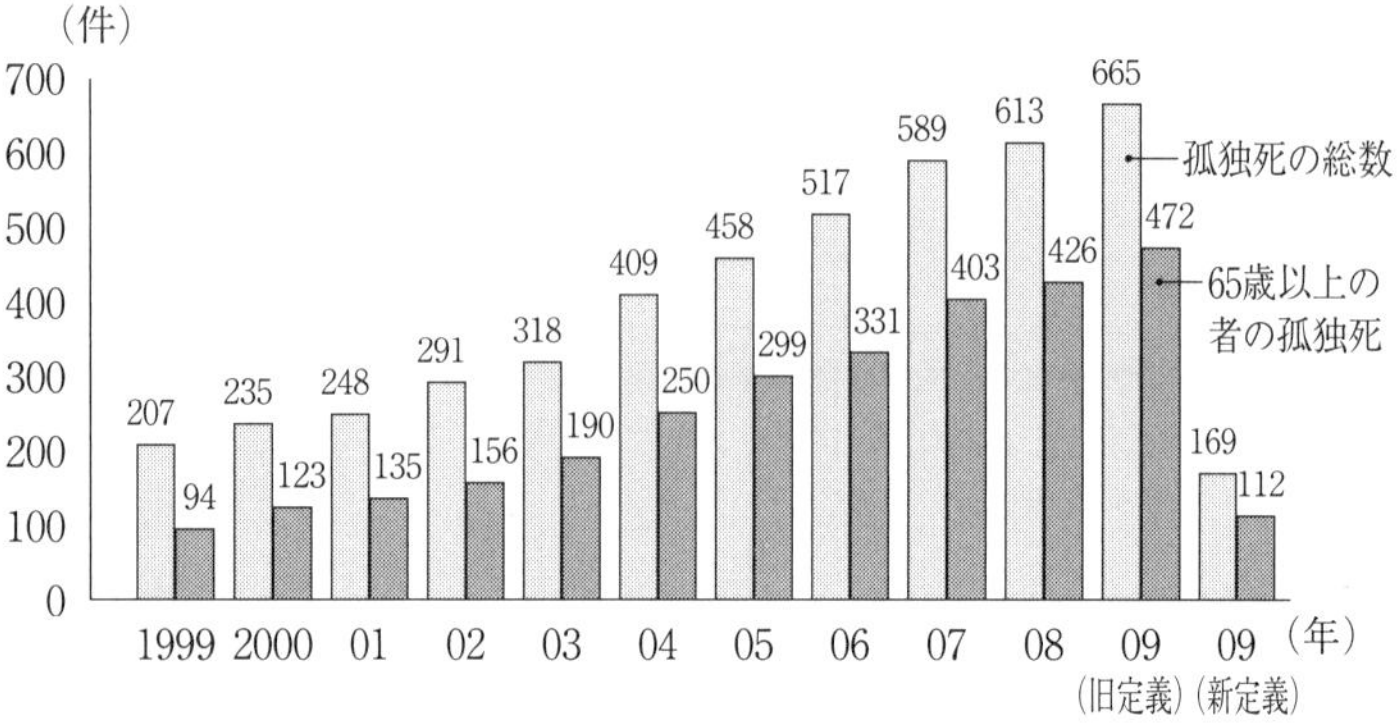

出所：都市再生機構

二　孤独死の数的把握

都市再生機構での孤独死の実態

都市再生機構（UR）は、孤独死の定義を「『病死又は変死』事故の一態様で、死亡時に単身居住している賃借人が、誰にも看取られることなく、賃貸住宅内で死亡した事故をいい、自殺及び他殺は除く」としています。そして、二〇一一年一〇月に、これまでの定義に「相当期間（一週間）を超えて発見されなかった事故」という死後から発見までの期間を要件に加えた定義に見直しました。「相当期間（一週間）」の根拠として、「家族で連絡を取ったり、クラブ活動に参加する基本サイクルがおおむね一週間と考えられる」と説明しています。*5

都市再生機構の孤独死発生件数（旧定義）は、孤独死の

資料3-2-6　孤独死発生件数（新定義）

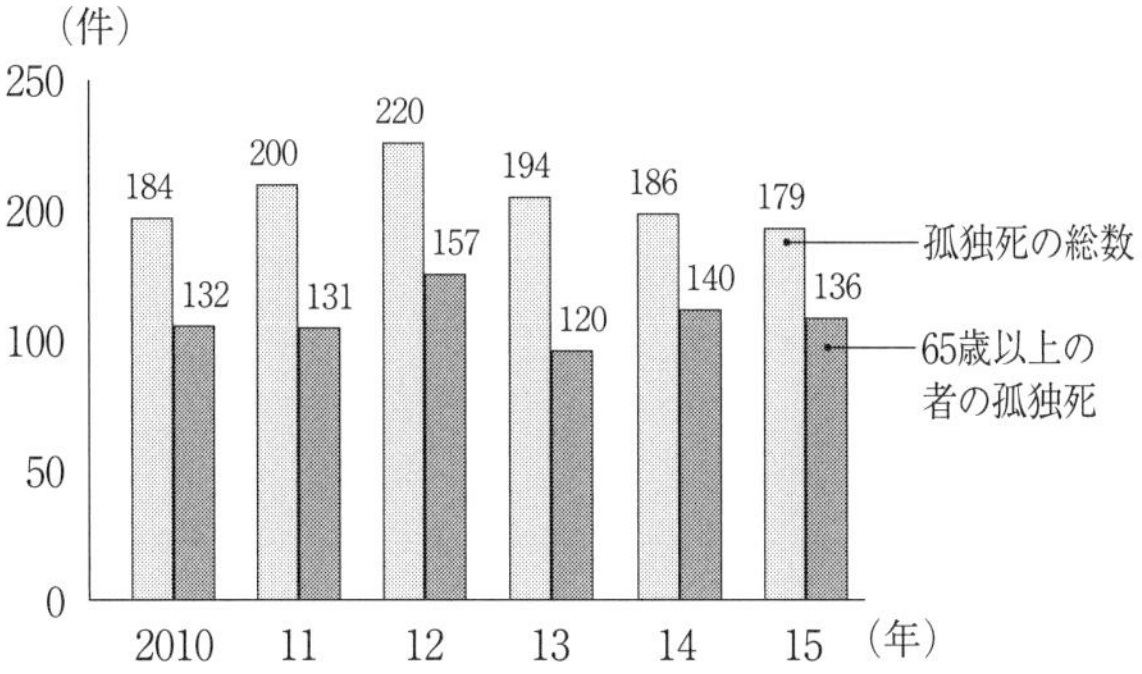

出所：都市再生機構

総数は二〇〇〇年は二三五件で、一〇年後の二〇〇九年は六六五件で二・八倍に増加しました。また、六五歳以上の者の孤独死件数は二〇〇〇年一二三件で、一〇年後の二〇〇九年は四七二件で三・八倍に増加しました（資料3-2-5）。

新定義による孤独死発生件数は、孤独死の総数や六五歳以上の者の孤独死件数は、若干の増減はありますが、旧定義ほど増加していないことがわかります（資料3-2-6）。つまり、都市再生機構の孤独死は一週間以内に発見された件数が増加していることがわかります。そのため、全国で起きている孤独死も単身者が誰にも看取られずに死亡し、一週間以内に発見された方が多い可能性があると言えます。

そして、都市再生機構は、孤独死問題に関して何も解決できていないにもかかわらず、孤独死の定義を見直すだけで孤独死の発生件数を激減できました。孤独死の発生件数を減少させることは重要ではありますが、定義を見直しただけで、いかにも孤独死の発生件数を減少させたと評価で

資料3-2-7　大阪府下における同居孤立死（2020年）

No.1	2月	大阪府八尾市	母親（57歳）急性薬物中毒死、要支援2
			息子（24歳）餓死
No.2	2月	大阪市西成区	兄（70代）病死、主たる介護者
			妹（70代）凍死、歩行困難
No.3	8月	堺市美原区	夫（86歳）病死、主たる介護者
			妻（86歳）熱中症で死亡、認知症
No.4	9月	大阪府高石市	母親（78歳）餓死
			息子（49歳）衰弱した状態で発見（生存）※
No.5	9月	大阪市西成区	母親（90歳）凍死#
			息子（69歳）凍死#
No.6	10月	大阪市北区	夫（70代）病死、主たる介護者
			妻（70代）餓死、数年前から要介護状態
No.7	12月	大阪市港区	母親（68歳）餓死
			娘（42歳）餓死
No.8	12月	大阪府吹田市	夫（67歳）病死、主たる介護者
			妻（67歳）餓死

※自ら助けを求め、一命は取りとめたが、助けを求めなければ死亡していた
#死後8か月経過して発見された

きるものではありません。

大阪府下の同居孤立死の実態

今日では、一人暮らし高齢者の孤立死は話題にならず、同居家族がいるにもかかわらず同居孤立死しているケースがマスコミ等で取り上げられています。二〇二〇年に大阪府下で八件の同居孤立死が起きました（資料3－2－7）。次に三つの同居孤立死の事例（No.1、No.4、No.7）を紹介します。

No.1は、変形性膝関節症で要支援二の母親（五七歳）が急性薬物中毒死（処方薬の大量服薬）し、死後一か月経過していました。同居していた息子（二四歳）は低体

温症による死亡（餓死）で、死後一〇日経過していました。息子は母親が死亡しても助けを求めませんでした。生活保護受給中でしたが、水道とガスは止まり、冷蔵庫はほぼ空だったようです。介護支援専門員が発見しました。

№4は、母親（七八歳）は栄養不足による餓死で、死後数日経過していました。同居していた息子（四九歳）は衰弱していましたが、近隣に助けを求めたため死に至りませんでした。二〇一六年に死亡した内縁の夫は戸籍や住民登録はありましたが、母親・息子は無戸籍でした。生活費が底をつき、水と塩だけで生きていたようです。

№7は、母親（六八歳）は餓死、同居していた娘（四二歳）も餓死し、二人とも死後数か月経過していました。所持金一三円で、水道とガスは止まり、冷蔵庫の中は空だったようです。

八件の同居孤立死は、生活困窮した状態（餓死）で発見されている事例が多いことが特徴です。そして、水道やガスのライフラインが止められている事例もありました。ライフラインを止める場合、ライフライン事業者は自治体（社会福祉部署）へ連絡・連携するように厚生労働省が二回通知（「要保護者の把握のための関係部局・機関等との連絡・連携体制の強化について」〔二〇〇一年〕、「生活に困窮された方の把握のための関係部局・機関等との連携強化の徹底について」〔二〇一二年〕）を出しているにもかかわらず、形骸化していました。また、在宅介護をしており、主たる介護者が何らかの理由で死亡し、その後、要介護・要支援状態にある高齢者が誰にも助けを求めることができず、死亡している事例も目立っています。

三　社会的につくり出される孤立死

望まない社会的孤立

戦後、急激な高度経済成長により、産業構造の転換が生じました。都市部で多くの労働力が求められたため、多くの人たちが仕事を求めて都市部へ移動しました。また、農村部の煩わしい有縁社会から無縁社会を求める人たちも都市部へ移動しました。しかし、これらの者は社会的に孤立することを選択したわけでもありませんし、都市部への移動を選択したことで、すべての縁を捨てたわけでもありません。有縁を選ぶのか無縁を選ぶのか、それは二者択一ではありません。そして、仕事を求めて自ら都市部での生活を選んだことにより社会的に孤立したことが、自己責任論で片付けられてよいわけではありません。都市部で一人暮らしをしている高齢者が必然的に社会的孤立するわけでもありません。つまり、孤立を望んでいないのに孤立してしまっているという「望まない社会的孤立」状態になっていることが問題であると言えます。

社会問題としての社会的孤立

社会的孤立は人口移動や世帯構造の変化などにより起こるような単純な要因ではなく、さまざまな問題が複雑・複合的に絡み合っていると言えます。具体的に顕在化した出来事は、二〇〇九年三月一九日に群馬県渋川市にある高齢者入所施設「静養ホームたまゆら」の火災事故です。この火災事故で一〇名の高齢者が死亡し、そのうち六名が東京都墨田区、一名が東京都三鷹市から生活保護を受給していました。また、施設にいた二二名中一五名が墨田区の紹介で入所していました。要支援・要介護状態で身寄りがなく、経済的に困窮している者は、「静養ホームたまゆら」のような無届けで防火設備がない施設しか入所できない現実があります。「静養ホームたまゆら」では、認知症の人の部屋に外からカギをかけていました。また、長期間入浴させない、寝たきりの人に食事介助をしないなどの問題も発覚しました。

介護保険制度改悪による介護保険給付抑制

介護保険制度の利用者負担は通常一割ですが、一定以上の所得のある者の場合、二割負担や三割負担となり、利用者負担が増え、介護サービスの利用控えにつながります。また、二〇一五年四月より特別養護老人ホームへの入所が原則要介護三以上になり、要介護一・要介護二の高齢者は特別養護老人ホームへ入所ができなくなり（やむを得ない事由による措置の場合は入所可）、余儀なく在宅介護を選択せざるを得なくなりました。

二〇一五年四月（二〇一七年四月より完全実施）より、要支援一・要支援二の高齢者に対する介護サービスのうち、介護予防訪問介護（ホームヘルプサービス）と介護予防通所介護（デイサービス）は予防給付から外され、市区町村が行う「介護予防・日常生活支援総合事業」に移行されました。そのため、これまで通りの介護予防訪問介護（ホームヘルプサービス）と介護予防通所介護（デイサービス）を利用できなくなりました。

そして、耳あたりのよい「自立支援介護」が強調され、介護保険制度からの「卒業」（介護サービス利用の終了）が介護給付費抑制の切り札になっています。一部の市区町村では、介護保険制度からの「卒業」を積極的に進めており、これまで利用していたデイサービスセンターへ行くことができなくなり、外出する機会がなくなり、自宅に引きこもる日々になった高齢者もいます。[*6][*7]

介護保険制度の介護サービスのメニューはたくさんありますが、実際は利用しにくくなっています。例えば、同居家族がいる高齢者はホームヘルパーの生活援助は利用できません。また、ホームヘルパーの生活援助の一か月当たりの利用回数が極めて多くなる場合、ケアプランを市町村に届け出ることになりました。市区町村へ届け出たケアプランは、多職種が参加する地域ケア会議等で検証されます。そのため、地域ケア会議等でのケアプランの検証を避けるために、ホームヘルパーの生活援助の利用抑制を行う介護支援専門員（ケアマネジャー）もいると思います。

このような現状は「介護の社会化」ではなく、「介護の再家族化」という表現が正しいと言えます。そして、家族任せの在宅介護では、先述の同居孤立死が今後も起こり得ると言えます。

家族介護者支援の脆弱さ

東京都葛飾区で二〇二二年九月八日、自宅で母親（九二歳）の首を絞めて殺害し、無職の息子（五九歳）が逮捕されました。息子は「経済的に苦しく、衰弱する母を見るのがつらかった」と供述し、無理心中を図ろうとしました。母親は三年ほど前から寝たきりで、息子が介護していました。

今日、このような介護心中・介護殺人は珍しいことではなくなりました。NHKの調べによると、二〇一〇年から二〇一五年までの六年間に、未遂や傷害致死などを含めた介護殺人の事件が少なくとも一三八件起きていることがわかりました。つまり、二週間に一度のペースで介護殺人が起きていることになります。さらに事件を調べると、デイサービスなどの介護サービスの利用状況について取材で状況が判明した六七件のうち、四分の三にあたる五〇件で何らかの介護サービスを利用していたことが明らかになりました。*8

介護保険制度は、高齢者の自立支援のための制度です。現在、家族介護者への支援に関する法律として、「高齢者虐待の防止、高齢者の養護者に対する支援等に関する法律」（高齢者虐待防止法）があります。高齢者虐待防止法で言われている養護者とは家族介護者のことですが、本法ではすべての家族介護者を支援するのではなく、高齢者に虐待をした家族介護者、もしくはその疑いがある家族介護者への支援に限定されています。そのため、虐待をしていない家族介護者には支援することができません。つまり、わが国にはすべての家族介護者を対象とした支援に関する法律はありません。そのうえ、先述の通り、介護保険制度の改悪により「介護の再家族化」がされ、介護保険給付費を抑制するため、介護サービスのメニューが豊富であっても利用しにくい状況にあります。

ソーシャル・ネグレクトによる孤立死

ゴミ屋敷状態や援助拒否などにより、社会から孤立し、生活行為や心身の健康維持ができなくなっている状態を「セルフ・ネグレクト」ということばで説明されることがあります。また、孤立死に至った事例の約八割が生前に「セルフ・ネグレクト」状態だったことも指摘されています[*9]。

しかし、孤立死した人々の中には、自分が抱えている問題が何であるのかがわからず、制度の情報ももたない、あるいは制度を利用することなど思いつきもしない人々の存在があり、そのことを社会が見落としていることもあります[*10]。そして、孤立死は個人的な要因で起こるものと捉えられることが多いですが、社会的・経済的な要因も関係していると言えます。また、社会的な支援（制度）を受けることができなかったことも関係していると言えます。

セルフ・ネグレクト研究の第一人者である岸恵美子氏も、セルフ・ネグレクトを「個人の責任、個人の問題なのだろうか。わが国においては、行政の窓口はほとんどが申請主義である。（中略）サービスへのアクセスができない高齢者をセルフ・ネグレクトとして放置してしまうことは、見方を変えれば行政のネグレクトといえるかもしれない[*11]」と指摘しています。そのため、孤立死は「セルフ・ネグレクト」ではなく、むしろ「ソーシャル・ネグレクト」であり、孤立死は社会的につくり出されていると言えます。

四 「申請主義」の国

「看取る人もなく一人きりで死ぬこと」をどのように考えるか、その答えは単純ではありません。しかし、少なくとも、単独世帯が増加しただけで孤立死が増加するわけではありません。「関係性の貧困」によるもの、「死後発見されるまでの日数」も孤立死を規定する要因としては現象的です。

すでに述べてきましたように、介護保険制度のもとで要支援・要介護状態で身寄りがなく、経済的に困窮している者は、「静養ホームたまゆら」のような無届けで防火設備がない施設しか入所できない現実があります。社会サービスを活用すればよいと一口に言っても、日本は「申請主義」です。困ったときの制度・サービスを知っていないと利用できず、知っていても申請しないと制度・サービスは活用できません。申請しても行政によって打ち切られていくケースも問題になっています。水道やガスのライフラインが止められた状態の孤立死など、その端的な例です。

孤立死という問題は社会問題として考えていかなければならないでしょう。そこから問題の解決に取り組まなければなりません。[12]

注

＊1　新井康友「孤独死の定義に関する一考察」（『社会福祉科学研究』社会福祉科学研究所、二〇一四年、第三号）

＊2　近藤克則『長生きできる町』（KADOKAWA、二〇一八年）

＊3　朝日新聞夕刊二〇一八年六月一五日付

＊4　朝日新聞朝刊二〇二一年一月一九日付

＊5　東京新聞朝刊二〇一一年一二月二八日付

＊6　大東社会保障推進協議会、大阪社会保障推進協議会『介護保険「卒業」がもたらす悲劇』（日本機関紙出版センター、二〇一八年）

＊7　大阪社会保障推進協議会「自立支援介護」問題研究会『「自立支援介護」を問い直す』（日本機関紙出版センター、二〇二一年）

＊8　NHKスペシャル取材班『「母親に、死んで欲しい」介護殺人・当事者たちの告白』（新潮社、二〇一七年）

＊9　岸恵美子『ルポ　ゴミ屋敷に棲む人々』（幻冬舎、二〇一二年）
＊10　河合克義他『社会的孤立問題への挑戦』（法律文化社、二〇一三年）
＊11　岸恵美子他『セルフ・ネグレクトの人への支援』（中央法規出版、二〇一五年）
＊12　新井康友他『社会的孤立死する高齢者たち』（日本機関紙出版センター、二〇二二年）

第3節　高齢者の生き方についての一断章

――孤立から連帯へ

相澤與一

我々は、人類史上かつてなく進んだ長命社会に生きています。こういう社会において、高齢者はどのように考えて生きたらよいのでしょうか。これについて、私は、おそらくはみなさんと同じように、次のように考えて生きています。

我々が享受する長命化は、人類社会の長年の努力の成果であり、我々高齢者はその進歩の大道をあゆむフロントランナーなのです。我々は誇りをもってこれを享受するとともに、これをのちの世代の幸福のためにも役立てるべきです。だからこそ、私も卒寿で卒業などとは言わないで、活動を続けているのです。

高齢者の間には、階層および個人別に大きな違いがありながら、大勢としては貧困と不平等と孤立と病弱や老衰が蔓延《まんえん》しています。しかし、その一方で、今の日本には、私のような元気な高齢者も多く、七〇歳前後の退職後の人々が、日本の現状を憂い、その危機を救おうとする活動家の主力となっているのです。やはり、社会活動には、自由時間がとても大事なのです。

私は、もう卒寿ですので、実証分析などは若い人に任せ、私が拙著『されど、相澤與一』（福祉のひろば社、二〇一九年）などで紹介した生涯史を踏まえて、平和と福祉のために今を生きる思いを語りたいと存じます。老人の役割としては、これが人々を励ます最良の方法のように思えるからです。

そう考える理由は、次のようなものです。

これまで、ずいぶん、説明的な文章を書いてきましたが、それだけでは人々を動かせそうにありませんでした。自分自身がそうだったからです。

なるほど客観情勢を知ることは、運動を起こし進めるうえで必要なことです。しかし、大概の場合は、必要に迫られてまず自分が動き、他人に呼びかけて仲間になってもらい、共同行動を進めることで、初めてなにごとかをなし遂げることができたのです。主体的な活動抜きのただの展望論は、机上の空論です。

ちなみに私は、精神を病んで夭折《ようせつ》した息子とのかかわりで、この四半世紀、精神障がい者とその家族の福祉のために、家族会の結成からＮＰＯによる福祉施設の法人経営まで代表者として活動してきました。そして、八一歳まではその経験を大学教育にも活《い》かしてきました。この福祉活動に対し、第六一回保健文化賞を受けました。仲間のためにも名誉なことです。

八一歳で最終的に教員職から引退した直後に妻に先立たれてしばらく腰が砕けたのですが、草の根の社会活動家だった妻の衣鉢を継いで、「九条の会」その他で平和と福祉のために活動を拡《ひろ》げました。前述のような感慨は、これらの経験に拠《よ》るものです。それで本稿の副題を、「孤立から連帯へ」としたのです。

一　高齢者の難儀社会に抗して

さて、今、あらためて述べないといけない緊急の問題は、自公政権がこの平和と福祉のぶち壊しを強めていることです。岸田が国会にもはからずにクーデター的に「安全保障三文書」を閣議決定し、日本のお粗末な「福祉国家」をさえもつぶして「戦争国家」に転落させようとしているのですから、私のように少しは先の戦争を経験したか、またはそれについて学んできた高齢者は率先してこれに反対し、広く社会に訴えることが必要なのです。

さらにまた大きな問題は、自公政権が子どもを産み育てていくことが極めて困難な社会へと国民を落とし込み、少子化を加速させ、日本社会を衰退させ、未来への希望をつぶしていることです。しかも、この少子高齢化の責任を高齢者の「高福祉」による若年世代の低福祉が原因であるかのように嘘《うそ》をつき、高齢者層の医療と福祉などを攻撃しているのです。

たしかにこの「超少子高齢化」は、一種の危機です。これを乗り越えるためには、たとえばOECD（経済協力開発機構）の中で教育費の公費負担率が最低クラスにある日本の状態を逆転させることも、ぜひ必要なのです。もちろん、妊娠・出産に経済的援助をすることも結構ですが、そんなのは焼け石に水です。一人の教育費の自己負担を一〇〇〇万円以上に高める一方で実質賃金を低下させ、とくに女性を中心に雇用を非正規化・低賃金化させ、社会保障を連続改悪し、経済的にも貧困化を強いている状況のもとでは、子どもを産み育てることはきわめて困難です。これでは人口の単純再生産もできず、将来の労働力も納税者もますます足りなくなるのです。これを高齢者のせいだとされてはたまったものではありません。「戦争国家」になればこの人口問題も壊滅的な打撃を受けるのです。

高齢者の代表的な難儀である貧困、孤立、病弱など、本書で述べられていることは、自公政権、とりわけ安倍晋三政権のせいで強められてきたのです。安倍政権は、公租公課による国家的大衆収奪を軒並み強めました。自民党を中心とした政権は、介護保険の連続改悪と介護保険を口実としての消費税の導入と引き上げ、年金の引き下げ、生活保護基準の切り下げ、医療保険と介護保険の改悪による保険料と利用者負担の引き上げなど、悪行の限りを尽くしました。安倍政治は、こうして、「勝共連合」（統一協会）とつるんだことだけでなく、庶民のはげしい怒りを買っていたのです。ところが岸田現首相は、悪行の限りを尽くした安倍をなんと勝手に国葬にまでしました。岸田のこの愚かな暴挙には、私もあきれかえりつつ大いに怒り、抗議のスタンディングにも立ちました。私は、近年、このように各種の社会活動をも拡張しています。政治だけで解決できないこともありますが、おおもとは政治につながっているからです。介護問題もそうです。この点を深めるために、次に社会保障のとらえ方について一言述べておきましょう。

二　介護保険の二面性

一般には社会保障はよいもので、その改悪は社会保障でないものにすることであると考える人も多いのですが、これには少々留保が必要です。社会保障制度がすべて無条件に改良なのではありません。社会保障も政治ですので、政治が「戦争国家」に傾けば、社会保障の予算が削られるだけでなく、「健兵健民」政策的な反福祉の政策手段にされるのです。

わが国で戦時中の一九四一年に制定された「労働者年金」制度（三年後に「厚生年金」制度に改定）が悪用された代表例です。それは、ナチス・ドイツの年金制度に倣って保険料の「長期積み立て方式」を採ったものですから、二〇年間は年金基金を積み立てるだけで支出しないので、年々積み上がる年金給付金を軍事費に流用したのです。またドイツでは、国家総動員で失業が名目的には強制解消されることで浮いた失業保険制度の保険料収入も軍事費に転用されました。現に岸田政権も、安保三文書による大軍拡費に、医療や年金給付に使うべき財源の一部をも流用しようとしているではありませんか。

我々がその一層の改悪に反対している「介護保険」制度についてもそうです。介護保険も一種の社会保険で、社会保険には保険事故補填費の相当部分を公費で補塡する「社会的扶養」が含まれます。その限りでは立派な福祉装置なのです。しかし、租税方式の「措置」制度から介護保険制度に変えることによって新たな保険料と利用者負担を強制して収奪するようにしたのです。

なぜこうされたのかというと、二〇世紀後期以降に強められたグローバリゼーション下の新自由主義的な福祉国家解体攻撃のもとでは、反福祉的な独裁的収奪国家になる危険も増大し、高齢者福祉もこの社会保障構造改悪のフロントランナーとして介護「措置」保障から自助強制的・保険主義的介護保険制度に変えられたからなのです[*1]。つまり社会保険も二面性をもち、政策の大勢によって福祉か反福祉か、いずれか一方に大きく傾くのです。この観点は、私の恩師・服部英太郎先生が提起した「国家独占資本主義的社会政策論」を、私などが批判的に受け継いで展開してきたものです。介護の人件費までも介護保険の収入でまかなう「保険主義」のためにそれが収奪手段にされていることの批判などは、その代表的な知見です。

「介護の社会化」にもふた通りあって[*2]、我々が要求した「介護の社会化」は、私的な家族介護や介護商品や介護サービスの購買からの解放でした。介護の人件費などは極力、公費によってまかなうべきものです。しかし、日本の介護保険は、社会保障での公費負担の自然増を節約することを主目的にして、独立採算制の「保険主義」を採り、収奪的にしたのです。つまり、高齢化の進行が自動的に保険料と利用料による収奪を高める仕掛けなのです。公的年金制度にマクロ経済スライド制を導入して少子高齢化とともに自動的に年金を切り下げるようにしたのも、同じ目的のためです。

これは、岩波ブックレット『介護保険が危ない！』（二〇二〇年）でも表明され広く支持されている上野千鶴子さんや樋口恵子さんたちの介護保険制度についての理解とはいささか異なるものです。

と言っても、社会保険的な改良的福祉と支配・収奪の二面性を持つ現行介護保険制度の枠内で考えるなら、介護保険に福祉国家的な「介護の社会（的共同）化」の望みを託し、その改悪に反対しその改良を要求するのは正当なのです。その点での立場は、まったく同じです。[*3]

ただし、この闘いにおいても、この大本を反省して、競合する軍事費を減らし社会保障における公費負担を大幅に高めて介護保障等に充てることなどを要求する正攻法が大事なのです。そのためにも大軍拡＝「戦争国家」化に反対しなければなりません。「安全保障」三文書による「戦争国家」化の攻撃を跳ね返すために、ともに頑張りましょう。

三　高齢者の主体的な生き方について

さて、このように我々それぞれが誇りをもって今の政治に「NO！」と立ち向かうことは、我々それぞれの生きる活力をも高め、社会をも元気にすることでもあるので、高齢者個々人の生き方について考えます。

最近私は、たまたま、かつて革新共同の衆議院議員を五期一五年も務めた田中美智子さんのブログからつくられた『まだ生きている』（新日本出版社、二〇〇九年）を本棚から見つけて再読しました。彼女は、だいぶ前に癌《がん》に罹《かか》り、余命があまりないと宣告されたのに、それからだいぶ経つ八〇歳代の後半期を、有名人なので頻繁に求められる講演などの求めに応えながら天衣無縫に生き続けたのですから、お見事で、羨《うらや》ましい限りです。

ちなみに、福島の我々も、市民と野党の共同を進めるために、同時期に地元の弁護士、安田純治さんを革新共同の衆議院議員候補に押し立て、二期にわたって当選させました。

もちろん、田中美智子さんのように恵まれた人は少ないわけで、そのまま我々の手本にはなりにくいのですが、それでも参考にできることはいろいろあります。

その一つは、病気とのつき合い方です。難しい大病に罹ったら、もちろん長くはないかもしれないと覚悟すべきです。医療にも寿命にも限りがあるからです。しかし、その限りはきわめて弾力的なのです。田中さんの場合も幸運なケースですが、こういう幸運はそう珍しいことではありません。

実は、私も満五〇歳で海外研修のために訪英したとき、悪性リンパ腫という血液癌に罹り、現地のＮＨＳ（国営保健制度）で手術と抗がん剤の投与も受け、急遽《きゅうきょ》、帰国を余儀なくされ、地元の医大に検査入院したら、亡妻は、私の癌が肺以外の全身に転移していて、余命いくばくもないと宣告されたそうです。私は肝臓の写真だけを見せられ、浸潤がひどいので抗がん剤で叩《たた》きましょうとだけ告げられたのですが、さすがに容易ならざる事態であるとは感じました。私は生来肝っ玉がごく小さいのに、その時は不思議にさほど大きくは動揺しませんでした。せっかく長年待望した長期海外研修のチャンスを得て家族全員で渡英したのに、外地で大病に倒れたために研究計画が挫折したばかりでなく、家族や知人・友人たちと勤務先にも大変大きなご迷惑をおかけしていたので、すでにショックは充分に受けていたからです。

もちろんそれでも可能な限り命をのばし、その間だけでも積極的に働き、活動し、勉強したいと熱望しました。そしてこの願いを実現するために、さほどお金をかけずにできることは何でもやろうと考えました。

自分の仕事でもある研究については、それまでの労資関係史の研究から、英国のＮＨＳで受けた医療保障の恩恵に触発された社会保障研究への重点移行です。ところが、この移行に十年もかかっている間に癌が消えてしまうのです。周囲の人々は、奇跡だといいましたが、そうではなく、私の場合は、主には妻がたずね当てた起死回生の治療法が功を奏したのです。

私は普段は至って亭主関白でしたが、もうこれからは、自分でできることのほかには自分の余命を元保健師の妻に預け、治療法も彼女の判断に従うしかないと考えました。妻は、生来至って素直な人なのに、抗がん剤で延命治療をしましょうという医大の主治医が提案した正統な薬物療法は、末期だといわれた私の場合には、副作用で本人を苦しめるだけで、さほどの治療効果を望めないと判断してこれを辞退し、免疫療法に私の命を賭けることにし、神奈川のクリニックに連れ出したのです。私は、黙って従いました。結果的には、私の場合に限っていえば、それが起死回生となり、その後今まで四〇年も延命することになりました。もちろん、これは数少ない事例なのですが、亡妻の必死の英断で救命されたのです。

医大の主治医は、私たちが彼の提案した正統な治療方法を辞退したのに、その後の一〇年間、再発なしと確定するまで精密検査を続けて下さいました。ありがとうございます。

一方、自分でできる努力としては、病気に積極的に立ち向かうためにも免疫力を高めること、そのために仕事や活動を意欲的に続けながら歩くことにしたのです。田中さんも講演などでよく歩きましたが、私も足を鍛えて免疫力を高めることにしたのです。

先に英国で二〇日近く入院したら、手術で一挙に一〇キロほど体重が軽くなったのはよいとして、足が弱って、これでは帰国にも差し支えると考え、退院後、広い庭を五分、一〇分と歩き始めて、やがて大学までの片道四〇分ほどの道程を歩き通せるようになりました。

これは、医者に勧められたことではなく、自分で考えて実行したのです。帰国後も、これを続けました。

歩くことの効用には、こんなこともありました。このように大恩ある妻は、まったく残念なことに、二〇一五年九月一日の午前二時ごろ急性心不全のために急逝しました。六〇年も連れ添った仲なので思いのほか打撃が大きく、ご飯を食べあげる直前に意識が途切れて茶碗《ちゃわん》を相次いで取り落とし、五、六個も割りました。娘たちは、お父さんが死にそうだと心配し、茫《ぼう》としていると痴呆《ちほう》化したのではないかといって脳の検査を受けさせました。周囲のみなさんも大変心配され、それで障がい者福祉団体の代表も一時中断したのです。

こうして八〇代半ばの私はしばらく元気をなくし、ひきこもったら、腰が曲がり、腰痛がとてもひどくなり、足も弱り、歩けなくなりました。ストレスが腰痛の原因になる場合もあることは、聞いていました。そこで、娘たちの手配で介護保険のリハビリとデイケアに通い始めたのですが、二、三か月通ううち、これは基本的には歩くことでカバーできる運動であることに気づき、介護事業所への通所を止めて自分たちの福祉施設まで歩くことにしたのです。それに、たった一週半日だけのデイケアの利用料が一割負担の一万四〇〇〇円から一挙に二割負担に倍加されたので、これではたまらないと思ったからでもあります。すると、私が二十数年代表を務める施設への最低週三回の往復のうち、電車とバスでカバーできない七〇〇〇歩近くの区間を歩き通せるようになりました。ただし、冬場のぬかるんだ雪道はえらく難儀なので、えいくそ、えいくそと踏ん張って歩きました。これは、雪国のふるさとで少年時代に取った杵柄《きねづか》の名残かもしれません。

なお、ここで我々の福祉施設というのは、亡息が精神障がい者になってともに苦しむ中で、福島県にはそれまでなかった地域包括的な家族会を一九九五年に立ち上げ、やがてそれをNPO施設を立ち上げる過程で、ほかに誰も引き受けないので、家族会の会長から法人の理事長まで引き受け、妻が急逝して腰が抜けた一時をのぞいて、今日に至っている施設のことです。私の社会活動としてはこれが最長で、私の平和と福祉のための最大・最長の活動です。但し福祉施設運営の困難は、人材不足を中心に大きくなる一方です。

注

＊1　拙稿「現代国家の専制独裁化と『福祉国家』の解体に抗して」（雑誌『経済』二〇二一年一二月号）参照。

＊2　「社会保険」にも二面性があるように、「介護の社会化」にも、社会扶養的な「介護の社会的共同化」のほかに、介護サービスの「営利商品化」としてのそれがあり、介護保険は後者だったのです。

＊3　たしかに介護保険制度は、日本的家族制度の中での「嫁」や「娘」を介護地獄から解放しよう

とする国民的な熱望にバックアップされた「介護の社会化」旋風の中で、巨大労組「自治労」や女性団体「一万人市民委員会」などを加え込んで動員することで成立したことは、大熊由紀子の『物語介護保険　いのちの尊厳のための70のドラマ』（岩波書店、二〇一〇年）でドラマチックに描写されています。この渦中において善意で介護保険制度の成立に奔走した彼女らには、残念ながら「介護の社会化」の触れ込みに幻惑されたせいか、介護保険制度が国際的な競争激化の中での新自由主義的な「福祉国家」解体攻勢に巻き込むことを主とする政策の一つであったことには注目しなかったようなのです。

あとがき――今後の課題

石田一紀

本書が原稿として形をなすまでに、およそ二年を要しました。コロナ禍という社会的状況もありましたが、われわれの意図をいかにわかりやすく読者に伝えるか、それ以前に何をどう伝えることが今、大切なのか、かなり議論を要したからなのです。

本書で述べていますように、日本の介護はここまできたかと、その深刻さにあらためて本書の課題を痛感する日々が続いたのですが、同時に、展望を見いだす書物でないといけないと痛感しました。高齢期運動は今、結集する数、要求のあり方をはじめ幾つかの実践上の課題を抱えています。そうだとするならば、なぜそうなるのか、草の根の運動として、その主体的条件はどうなのか、その究明がぜひ必要だという思いを、研究会のたびに皆が形をかえて抱いていました。また、SNSで育った世代と対面および紙媒体で育ってきたわたしたちとの交流・継承をどのように切り開いていけばよいのかという素朴な思いも出しあってきました。

わたしたちのテーマは貧困化に集約されるのですが、今や貧困化は労働現場のみならず、労働―生活過程全体にわたっています。本来、自由な「余暇」さえ、その過ごし方を資本によって半ば強制されています。〝ゆとり〟のない過度な労働のうえに、生活様式全般が資本のもとへ包摂されていっています。そして、主体的で人間的な生活設計が奪われていくところに〝孤立〟と〝不安〟と〝妥協〟、そして、文化的な貧しさがはびこります。こうした状況の下で高齢期運動どころではないと周りから諭されることもあります。

もっとも、現実の状態は必ずしもそうとは限らないのではないでしょうか。生活は政策や資本にとりこまれた状態としてのみあるのではなく、そこから相対的にではありますが自立した生活領域というものがあります。他の誰でもないその人の人間的文化、ささやかではあるが日々、自分らしい生活を培い、主体的に創造していく生活過程があるのではないでしょうか。

今年八〇歳になる東山節子さん（仮名）は、一人暮らしになって四〇年。おつれあいに先立たれ途方に暮れている暇もなく運転免許を取り、その後ホームヘルパーの仕事に就きました。六五歳の時、癌《がん》を患います。それを契機に退職し国民年金、年間八〇万円での生活を余儀なくされました。そこから、介護保険料や電気代・ガス代・水道代・そして医療費が引かれます。ビルの清掃業務に週三回三時間就きましたが、帰宅すると寝込む毎日です。長続きしません。水道代を抑えるために風呂も冬に週一回入るだけ、服がボロボロになっても買うお金がありません。見かねて友人が洋服を送ってくれ、近所の人は総菜を持ってきてくれます。彼女の一番の不安は、お金がない故に、いざという時、施設に入れないのではないかということです。

そうした状況にあっても、彼女の生きがい、楽しみは月に数回、友人とコーラスのサークルに通うことであり、学習会で年金をはじめ制度をいろいろ学ぶことであり、調理を共にして笑いあうことであり、それだけは貧しくても続けてきました。自分らしさは失いたくないと思い続けてきましたが、生活保護の申請において家の土地を持っているということだけで拒否されたことを契機に、「人間としての権利」とは何かを考え始めます。そして今、「人間として最低水準の生活を保障してもらいたい」という思いで年金引き下げに対する違憲訴訟に取り組んでいます。

繰り返しますが、生活は政策や資本にとりこまれた状態としてのみあるのではなく、そこから相対的にではありますが自立した生活領域というものがあります。先の見えない時代にあっても、その見ようとしないと見えない現実を見極めるために、今、個々人にとって「貧困」はいかなる内容と意味を持ち、そして、個々人がどのように生活を変えていこうとしているのかといった内在的な状態把握が必要ではないか。言い換えれば、「貧困」を単に物質的条件によって規定されるものとして把握するのではなく、階級的資質の形成に関わる精神的・文化的側面、さらに社会的行動を含めた状態として総合的に把握しなくてはならないのではないか——わたしたちはそう考え、まず実態を具体的に検証し、展望を見いだしていこうと研究会を積み重ねてきました。

本書はその中間報告であり、残された課題は大きいです。ただ、ぜひとも今、知っていただきたい、理解していただきたい介護を中心とした貧困化の現状と課題は、本書の優れた執筆者によって読者に伝わっていったのではないかと思っています。

最後になりましたが、新日本出版社のみなさんに心から感謝の意を表します。論文構成、文章表現のあり方等をはじめとした当初からのアドバイスによって、本書はスタートし、そして、成就することができました。記して、尊敬と感謝の意を表します。

二〇二三年四月

執筆担当

第1章

林泰則　全日本民主医療機関連合会事務局次長。著書に『老後不安社会からの転換：介護保険から高齢者ケア保障へ』（共著、大月書店、2017年）他。

山本淑子　全日本民主医療機関連合会事務局次長。

矢部広明　奥付参照。

第2章

井上ひろみ　京都社会福祉法人七野会理事長。

石田史樹　地域包括支援センター・社会福祉士。著作に『社会的孤立死する高齢者たち：誰もが陥る可能性を避けるために』（共著、日本機関紙出版センター、2022年）がある。

西岡修　東京都高齢者福祉施設協議会会長。著作に『家族に介護が必要な人がいます：親の入院・介護のときに開く本』（朝日新聞出版、2017年）他。

第3章

唐鎌直義　佐久大学人間福祉学部教授（特任）。著作に『「健康で文化的な生活」をすべての人に：憲法25条の探求』（共著、自治体研究社、2022年）他。

新井康友　奥付参照。

相澤與一　福島大学名誉教授。著作に『生活の「自立・自助」と社会的保障：グローバリゼーションと福祉国家』（創風社、2020年）他。

石田一紀（いしだ・かずき）
1951年広島県生まれ。保健福祉学博士。立命館大学産業社会学部卒業、日本福祉大学大学院修了。医療ソーシャルワーカーを経て、長野大学教授、京都女子大学教授、大阪健康福祉短期大学特任教授。『長寿社会を生きる：健康で文化的な介護保障へ』（共編、新日本出版社、2019年）、『介護労働の本質と働きがい』（萌文社、2015年）、『老人福祉論』（編、みらい、2015年）など著作多数。

新井康友（あらい・やすとも）
1973年大阪府生まれ。佛教大学社会福祉学部准教授。佛教大学社会学部社会福祉学科卒業、立命館大学大学院社会学研究科博士後期課程満期退学。特別養護老人ホームで介護職員・生活相談員、訪問介護事業所でホームヘルパーとして勤務。『社会的孤立死する高齢者たち：誰もが陥る可能性を避けるために』（共著、日本機関誌出版センター、2022年）、『北東アジアにおける高齢者の生活課題と社会的孤立：日本・韓国・中国・香港の今を考える』（共著、クリエイツかもがわ、2019年）など著作多数。

矢部広明（やべ・ひろあき）
1938年東京都生まれ。全国老人福祉問題研究会副会長。『おばあちゃん、おじいちゃんを知る本』1～4（監修・編集、大月書店、2015～2016年）、『高齢者に対する支援と介護保険制度：高齢者福祉介護福祉』（共著、弘文堂、2013年）など著作多数。

「人生《じんせい》百年《ひゃくねん》時代《じだい》」の困難《こんなん》はどこにあるか――医療《いりょう》、介護《かいご》の現場《げんば》をふまえて

2023年9月10日　初　版

編著者　石田一紀
　　　　新井康友
　　　　矢部広明
発行者　角田真己

郵便番号　151-0051　東京都渋谷区千駄ヶ谷4-25-6
発行所　株式会社　新日本出版社
電話　03（3423）8402（営業）
　　　03（3423）9323（編集）
info@shinnihon-net.co.jp
www.shinnihon-net.co.jp
振替番号　00130-0-13681

印刷　亨有堂印刷所　　製本　東京美術紙工

落丁・乱丁がありましたらおとりかえいたします。

ISBN978-4-406-06762-1 C0036　Printed in Japan